CON
BOOK.

Michi & Marc
Schreiber

Unter AFFEN

Unsere Reise als
Freiwilligenhelfer
in Südafrika

Impressum

© 2024 CONBOOK Verlag in der Bruckmann Verlag GmbH
Infanteriestraße 11a
80797 München

ISBN 978-3-95889-476-1

Autoren: Michi und Marc Schreiber
Verantwortlich: Matthias Walter
Produktmanagement: Svenja Müller
Lektorat: Claudia Alt
Korrektorat: Simona Fois
Einbandgestaltung: Favoritbuero, München, unter Verwendung eines
Fotos von Michi & Marc Schreiber, Lars Michael Wendt und Motiven von
Dom Toretto / Shutterstock und Mathias Sunke / Shutterstock
Satz: Conbook Medien GmbH, Neuss
Printed in Turkey by Elma Basim

**Sind Sie mit dem Titel zufrieden? Dann würden wir uns
über Ihre Weiterempfehlung freuen.**

Erzählen Sie es im Freundeskreis, berichten Sie Ihrem Buchhändler
oder bewerten Sie bei Onlinekauf. Und wenn Sie Kritik, Korrekturen,
Aktualisierungen haben, freuen wir uns über Ihre Nachricht an
feedback@conbook.de.

Unser komplettes Programm finden Sie unter 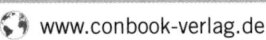 www.conbook-verlag.de

Nachweise Bildteil: Seite 1–3: Marc und Michi Schreiber,
Seite 4–8: Ulla Schreiber

INHALT

Für die Tiere. Möge dieses Buch euch eine Stimme schenken.
Für Andrea, Horst, Karin und Michael.
Die Menschen, die uns eine Stimme geschenkt haben.

Vorwort von
JOHN STRELECKY

I have had the pleasure of knowing Michi and Marc for a number of years now. Their spirit for adventure and willingness to follow their hearts is something I genuinely admire. It's a courage which took me a lot longer on my life timeline to develop than it has taken them.

Their path is not an ordinary one. That's for sure. Which is perhaps part of what makes this story so fun to read and so inspiring to understand. In one of my books I share an Aha! moment I had one day – »It's easy to take the high road when there are no potholes.« Michi and Marc's story beautifully illustrates the way our challenges test our conviction to who we are, the paths we want to walk, and what we think we're capable of. Despite all the potholes they encountered on this part of their life journey, they stayed true to their selves, their calling, and to each other.

One of my favorite stories in the book is Marc's experiences with a baboon named Abigail. It's a story I heard while having dinner one night with Marc and Michi and they had me amazed, inspired, and laughing so hard my stomach hurt as they told it.

It's one of those where you just can't believe that while you were busy living your regular life, doing regular things, someone was doing that with their day.

We do not choose where we're born in life, but we do choose where we stay. We do not choose who we're born to, but we do choose who we stay around. Michi and Marc are living proof that with courage, commitment, and a calling which inspires you, it's possible to create a life for yourself and with the person you love, that pushes the boundaries in whatever directions you feel called to go.

Enjoy the read!

Your fellow traveler,
John

John Strelecky
Autor von *Das Café am Rande der Welt* und *Safari des Lebens*

PROLOG

*D*ie Sonne Südafrikas verschwindet hinter dem Maschendrahtzaun, während immer wieder ein Affe durch mein Blickfeld springt. Penny landet auf meinem Kopf und beginnt freudig zu giggeln. Sorgfältig laust sie eine Strähne nach der anderen. Ich lächle, und ein Gefühl von Glückseligkeit breitet sich in mir aus. Vollkommen frei von Gedanken und ganz präsent genieße ich einfach nur den Moment – der zu den schönsten meines bisherigen Lebens gehört. Denn was ich gerade sehe, bestärkt mich in meinem Glauben an grenzenlose Liebe, Glück und Wunder.

Marc sitzt an der Wand mir gegenüber. Er kuschelt einen kleinen Affen namens Tyga und schließt glücklich die Augen. Die Haare meines Mannes sind vollkommen zerzaust, sein beiges XXL-Poloshirt ist voller Affenkacke, und seine alten Gummistiefel sind ganz zerbissen von den frechen Affen. Ja, er schaut aus, als wäre er zu Fuß von Deutschland nach Südafrika gegangen und hätte daher seit Tagen nicht geduscht. Aber das ist mir egal.

In jenem Moment sehe ich nicht, was ihn augenscheinlich ausmacht, sondern blicke in sein Herz. Plötzlich sind wir vollkommen miteinander verbunden. Ich spüre, was er spürt: Zufriedenheit, Entspannung und das Gefühl, endlich angekommen zu sein. Und auf einmal verschwimmt die Welt, und wir werden eins. Ein gemeinsames Herz, das für Affen schlägt. Und wann immer ich Marc ab jenem Moment anblicken werde, werde ich mein Spiegelbild sehen – das Gesicht eines Menschen, der bereit ist, ein Leben für die Affen zu leben.

Tierschützerin
TRIFFT KRIMINAL-
BEAMTEN

Meine Worte waren immer: »Ich heirate nur einen Mann, der verrückt genug ist, mit mir in Südafrika bei den *baboons*, den Pavianen, zu flittern.« Ich bin Michi, Tierschützerin für Primaten, die nun seit fast zehn Jahren ihren gesamten Jahresurlaub aufspart, um als Freiwilligenhelferin verwaiste Affenkinder in Südafrika aufzuziehen und auszuwildern. Denn mein Herz schlägt seit meiner ersten Begegnung mit dem kleinen Pavianbaby namens Barney am 3. Oktober 2015 für die Welt dieser Tiere. Da ich nie davon ausgegangen bin, einem Menschen zu begegnen, der seine Flitterwochen lieber mit harter Arbeit, Affenkacke und Gemeinschaftsduschen verbringt als in einem 5-Sterne-Hotel, hatte ich die Ehe für mich immer ausgeschlossen und stolz gesagt: »Ich bin alleinerziehende Mama von einhundert Affen. Da brauche ich keinen Mann.«

Doch das Leben spielt meist ganz anders, als man denkt, und noch ehe ich mich versah, belehrte es mich eines Besseren. Immerhin habe ich am Ende mit gerade einmal zweiundzwanzig Jahren und nach zehn Monaten Beziehung geheiratet.

Viele nannten das verrückt, aber ich muss gestehen, dass ich bei großen Veränderungen immer aus dem Herzen heraus entscheide, ganz ohne nachzudenken. Wenn es sich tief im Herzen richtig anfühlt, dann vertraue ich darauf, dass es auch richtig sein wird.

Daher gehöre ich freudigerweise zu den Menschen, die das Glück hatten, der großen Liebe (bisher) zweimal begegnet zu sein. Auch wenn ich die wahre Liebe nie sofort erkannt habe.

Bei den Affen musste ich erst am Scheidepunkt stehen, kurz davor, sie vermutlich für immer hinter mir zu lassen, bis ich erkannte: Das ist wahre Liebe! Wenn du mein erstes Buch *Unbändig* (erschienen 2022) gelesen hast, dann kennst du die Geschichte von mir und Barney. Und falls nicht, dann möchte ich nicht zu viel verraten, aber glaub mir: Die besten Geschichten beginnen auf einer Flughafentoilette.

Bei meiner zweiten großen Liebe – meinem Mann – war es ähnlich, und dieses Buch erzählt nicht nur davon, wie ich mich spontan und voller Vertrauen in das Abenteuer Ehe stürzte, sondern vielmehr, wie sich die Affen und Marc das erste Mal begegnet sind. Eine Begegnung, die mein Leben auf so vielen Ebenen bereichert hat. Denn ja, ich habe Marc einfach ins kalte Wasser geschubst. Oder sollte ich besser sagen, in den schmutzigen Affenkäfig?

Es ist der 2. September 2018. Nach einer sechsstündigen Busfahrt kommen wir in Rainbow Beach an, einem kleinen, traumhaft schönen Strand in Australien. Hä, Australien? Ja, verlobt haben wir uns in Australien. Geflittert wurde in Südafrika. Doch ich könnte nie die Geschichte unserer Flitterwochen erzählen und dabei den vermutlich außergewöhnlichsten Heiratsantrag aller Zeiten auslassen. Was ihn so sonderbar macht, ist, dass er so simpel war, dass ich nicht einmal verstand, was Marc von mir wollte.

Nach unserer Ankunft in Rainbow Beach gingen wir gemeinsam mit der Reisegruppe wandern, um den langen anstrengenden Tag auf einer der schönsten Sanddünen der Welt ausklingen zu lassen, der Carlo Sand Blow. Nach einer knappen Stunde kamen wir endlich an. Zu unserer Rechten lag eine atemberaubende Bucht mit schneeweißem Sandstrand, während uns zu unserer Linken die schönste Aussicht aller Zeiten begrüßte. Vor uns erstreckte sich die Küste mit ihren grünen Urwäldern, dem wilden tosenden Meer und der untergehenden Sonne Australiens im Hintergrund. Von diesem Naturspektakel überwältigt, liefen wir Hand in Hand der Sonne entgegen, ließen uns am Rand der Klippen nieder und zählten die Sekunden, bis die Sonne untergehen würde. Denn in Australien ist das binnen weniger Augenblicke der Fall. Ich atmete glücklich und zufrieden ein, legte meinen Kopf an Marcs Schulter und lächelte beseelt. Sanft küsste er meinen Kopf. Ich spürte, dass seine Lippen zitterten, während er nervös einen Arm um mich legte und zu drucksen begann: »Hast du schon einmal überlegt, etwas Verrücktes zu tun?«

Ja, andauernd!, war mein erster Gedanke. Immerhin stellte er diese Frage der Frau, deren zweiter Vorname »abenteuerlustig« ist. Dennoch irritierte mich die Frage, denn um ehrlich zu sein, verstand ich keineswegs, was er in diesem Moment damit bezwecken wollte, und das einzig Verrückte, was man dort hätte tun können, wäre Sandboarden gewesen. Aber Marc wäre doch nie verrückt genug gewesen, um sich hier in den Tod zu stürzen. Denn alle zwei Meter standen große Hinweisschilder mit »Sandboarding prohibited«, da das wegen der Klippen und Abhänge lebensgefährlich war.

»Sandboarden ist hier verboten«, meinte ich und zwinkerte ihm zu.

Marc, der nun genauso verwirrt war, zog die Brauen zusammen und schnaubte fragend. Das war wohl nicht die Antwort, die er sich gewünscht hatte.

»Oder was meinst du?«, fragte ich nun noch irritierter.

Für einen Moment druckste er erneut unsicher herum, bevor er ganz leise flüsterte: »Nein, so verrückte Dinge wie Heiraten zum Beispiel.«

In jenem Moment wurde alles um uns herum ganz still, und auch ich war ausnahmsweise voller Ruhe. Sprachlos, gedankenlos, atemlos. Liebend gerne würde ich erzählen, was ich in diesen Augenblicken gedacht habe, doch ich kann mich nicht erinnern. Ich weiß nur, dass mein Herz schnell pochte, dass ich vermutlich Ja gesagt haben muss und dann voller Lebensfreude über die Düne tanzte, während Marc mir einfach nur dabei zusah, wie in mir ein Feuerwerk der Gefühle explodierte. Bis ich mich schließlich beruhigt hatte und ihm freudig in die Arme sprang, um ihn zu küssen. Yes, die Frau, die nie heiraten wollte, war nun verlobt.

Kichernd wie kleine Kinder saßen wir im Sand, konnten nicht aufhören zu lachen oder den Kopf zu schütteln. Keiner von uns konnte glauben, was wir da beschlossen hatten. Marc wurde immer wieder rot bei dem Gedanken, sich getraut zu haben, mich zu fragen, während ich immer wieder verlegen lächelte, weil ich tatsächlich eingewilligt hatte.

In jenem Moment waren wir beide unfassbar überrascht von uns selbst. Marc, der sonst immer sehr rational ist, hatte sich einmal voll und ganz seinen Emotionen hingegeben, und ich, die sich geschworen hatte, nie zu heiraten, hatte Ja gesagt!

Den restlichen Abend verbrachten wir in unserem romantischen Zwei-Sterne-Hostel, aßen Fertignudeln von bunten Plastiktellern und stießen mit einem halben Liter Limonade auf unsere Verlobung an. Kein Ring, keine Kerzen, keine Rosen.

»Du weißt schon, dass wir unsere Flitterwochen bei den Affen verbringen werden, oder?«, sagte ich und zwinkerte ihm zu, während er die viel zu weich gekochten Spaghetti mit Tomatensoße aß.

»Du weißt, dass ich sowieso mitgekommen wäre!«, konterte er, und in jenem Moment sagte mein Herz es noch mal ganz laut: Ja, auf in ein neues Abenteuer!

Marc

Wer bin ich? Mein Name ist Marc. Würde ein Außenstehender mich beschreiben, so wären vermutlich Worte wie »gewöhnlich« und »bodenständig« jene, die ihm in den Sinn kommen würden. Stets überlegt und rational. So, wie es der Job eines Kriminalbeamten wohl mit sich bringt.

Jeder, der mich also nur ein kleines bisschen kennt, hätte mir diese Art des Heiratsantrags sicher nicht zugetraut – inklusive ich selbst. Und auch wenn ich es manchmal noch immer nicht glauben kann, hat sich all das tatsächlich so ereignet. Mal von der Verwechslung der Richtung, aus welcher der Sonnenuntergang kam, abgesehen, was wohl Michis Rechts-links-Schwäche zuzuschreiben ist. Im Endeffekt war ich wohl genauso überrascht und verwirrt von meinem Antrag wie Michi. Geklappt hat es ja zum Glück trotzdem, auch wenn ich eigentlich alles ganz anders geplant hatte!

In meiner damals noch naiven Vorstellung von Affen dachte ich: ›Michi liebt Affen, also was könnte es Besseres geben als ein süßes Affenbaby, welches ihr den Ring überbringen würde, wenn ich sie nach Südafrika begleite?‹ Oh Gott, wie dieser Antrag mich direkt ins Chaos geführt hätte, nachdem ich nun weiß, wie sich diese Situation tatsächlich zutragen würde.

Die harmloseste Variante wäre wohl, dass das Äffchen den Ring einfach verloren hätte. So hätte ich mich im Anschluss auf die verzweifelte Suche nach der Nadel im Heu- oder – besser gesagt – Affenmisthaufen machen dürfen. Allerdings hätten vermutlich zwanzig andere Affen mit mir gesucht und das ohne die Absicht, mir mein Schmuckstück zurückzugeben.

Als zweite und wahrscheinlichere Möglichkeit hätte das kleine Äffchen die Option gehabt, den Goldring einer Geschmacksprobe zu unterziehen, was ebenfalls in einer Such- und Wühlaktion durch den Mist geendet hätte, nur eben einen Tag später.

Aber so, wie ich die kleinen Racker mittlerweile kennengelernt habe, weiß ich, dass er sich für eine Mischung aus allem entschieden hätte, um dem Ganzen die Krone aufzusetzen. Statt sich erwartungsgemäß schnurstracks zu meiner Traumfrau zu begeben und meinen filmreifen Antrag in die Tat umzusetzen, wäre er einfach blitzschnell den Zaun hinaufgeklettert und hätte sich auf den höchsten Ast begeben, um seine neuste Errungenschaft in Augenschein zu nehmen. Mein wohl verzweifelter Versuch, die Situation zu retten und den Ring zurückzuholen, wäre ohne Zweifel in einer Katastrophe geendet. Unwissend

wäre ich dem Affen nachgejagt und hätte ihm schlimms-
tenfalls den Ring gewaltsam entrissen. Ein kleiner Schrei
dieses Affen – und statt des erhofften Kusses und eines
»Ja« wäre eine Befreiung meinerseits durch Michi aus einem aufgebrachten Affenmob notwendig gewesen. Obwohl diese Affen selbst noch Babys sind, haben sie ein
außerordentliches Gruppengefüge und sind gewillt, sich
gegen vermeintliche Bedrohungen, wie etwa Ringdiebe,
zur Wehr zu setzen. Dies erfolgt, bei ihrer Größe, durch
kleine schmerzhafte Bisse in die Waden, was zu münz-
großen Blutergüssen führt – nicht die Art von Knutsch-
fleck, die man sich bei seiner Verlobung wünscht.
So habe ich – Gott sei Dank vor diesem Affentheater –
gelernt, dass manchmal ein wenig Spontanität von Vor-
teil sein kann. Der Mob sollte mir jedoch trotzdem nicht
erspart bleiben. Aber das ist eine andere Geschichte.
Vorerst hieß es nun noch einmal, aus dem Rahmen, der
Erwartungen anderer auszubrechen und dem Herzen zu
folgen. Nach zehn Monaten Beziehung war es schließlich
an der Zeit, zu heiraten.

Abenteuer
SÜDAFRIKA

Am 18. Dezember 2018 war es dann so weit. Nachdem Marc sich am Abend zuvor beim Squash eine Platzwunde an der Stirn zugezogen hatte, musste ich am Morgen unserer Hochzeit ganze Arbeit leisten, um den Fauxpas gekonnt zu überdecken. Eigentlich sollte ich geheim halten, dass er mit dem Schläger gegen die Wand geschlagen hatte und dieser beim Rückstoß gegen seine Stirn geprallt war. Aber nun ja, jetzt ist es raus.

Die Stunden vor unserer Hochzeit waren verrückt. Ich erinnere mich noch genau an die Lieder, die wir gesungen haben, während ich, die Braut, Marc, dem Bräutigam, die Wunde überschminkte. Oder an Marcs zittrige Hände, als er seine Haare machte, und diese eine kleine Strähne, die einfach nicht richtig stehen wollte und ihn damit fast um den Verstand brachte. Ich selbst war die Ruhe in Person. Meine Haare waren gelockt wie immer, und abgesehen von Mascara war auch mein Make-up dezent gehalten. Ich wollte einfach nur als ich selbst heiraten. Und Michi ist eben einfach.

Es war 10:15 Uhr, als die Haustür ins Schloss fiel und mir plötzlich eines bewusst wurde: Ich werde in einer Dreiviertelstunde heiraten. Ab diesem Moment war es vorbei mit der Ruhe. Plötzlich war ich es, die zitternd aus dem Fenster starrte, während Marc nun freudestrahlend am Steuer saß.

Wir hatten uns für eine weiße Winterhochzeit im Dezember entschieden, aber stattdessen war der Himmel grau, und die Reste des Schnees waren bestenfalls brauner Matsch.

»Romantisch«, neckte ich Marc, um meine Nervosität zu überspielen.

»Ich brauche kein gutes Wetter, um romantisch zu sein!«, erwiderte er und zwinkerte mich entspannt an.

Am Standesamt angekommen, parkten wir in erster Reihe und schlichen uns, so gut das in Smoking und Brautkleid möglich war, zu unserer Trauung. Ab dann ging alles ganz schnell, und keine Stunde, nachdem wir angespannt durch die riesige hölzerne Tür gehuscht waren, kamen wir freudestrahlend heraus.

»Flitterwochen«, jubelte ich meinem frischgebackenen Ehemann ins Ohr.

»Flitterwochen mit Affen«, verbesserte er mich frech.

Nun musste ich nur noch meinen Reisepass beantragen, und drei Monate später standen wir mit ebendiesem Pass, dem gleichen Nachnamen und ganz vielen Schmetterlingen im Bauch am Check-in-Schalter in Luxemburg, von wo aus unser Flug nach Südafrika ging. Mein Vater hatte uns zum Flughafen gebracht, denn er war meine Abenteuerreisen mittlerweile gewohnt, weshalb der Abschied kurz und schmerzlos verlief. Koffer aus dem Auto, eine Umarmung und »tschüss«.

Nachdem wir unser Gepäck aufgegeben hatten, nahmen wir in einem Bistro Platz, bestellten völlig überteuerten Kaffee und sprachen darüber, dass wir vor knapp einem Jahr genau hier gesessen hatten. Jedoch ich noch unter anderem Namen und mit nur einem Flugticket in der Tasche. Damals war ich nämlich ohne Marc nach Südafrika geflogen, und das, nachdem wir gerade mal fünf Tage zusammen waren. Freudig kicherten wir jetzt darüber, aber damals war es die pure Hölle gewesen. Selbst die Liebesbriefe, die wir uns geschrieben hatten, konnten den Trennungsschmerz nicht lindern. Zum Glück mussten wir uns diesmal nicht voneinander verabschieden, denn wir waren in den Flitterwochen und würden ausnahmsweise gemeinsam hin- und zurückfliegen. Eine absolute Premiere, denn auch in Australien hatte Marc die Heimreise alleine antreten müssen.

Immer wieder griff mein frischgebackener Mann nervös meine Hand, und ich lächelte ihm zuversichtlich zu. Marc war sichtlich aufgeregt, die Affen kennenzulernen und endlich hautnah zu erleben, wovon ich jeden Tag meines Lebens schwärmte.

Auch ich konnte die Vorfreude kaum aushalten.

»Ich freu mich so«, platzte es ganz spontan aus mir raus, und ich fiel Marc um den Hals.

»Ich auch«, sagte er unbeholfen. Während die Aussicht auf Abenteuer in mir ein Gefühl von purer Lebensfreude auslöst und ich es liebe, außerhalb meiner Komfortzone durch die unbekannte Wildnis zu streunern, ist Marc im »Fight-flight-freeze«-Modus, wenn ihn etwas Neues erwartet. Kein Wunder also, dass er kaum ansprechbar war und mit jeder Sekunde, die unser Flug näher rückte, starrer wurde. So in Gedanken vertieft, erschrak er sogar, als ich ihn zurück ins Hier und Jetzt holte, damit wir unseren Flug nicht verpassten.

»Auf geht's!«, freute ich mich, als es Zeit war, durch die Sicherheitskontrolle zu gehen, und hüpfte wie ein kleines Äffchen davon.

Unser erster Flug brachte uns nach London, wo wir einen Zwischenstopp von zwölf Stunden einlegen mussten. Das war nicht schlimm, denn ich hatte bereits jede Sekunde mit Museumsaufenthalten, Parkbesuchen und Shoppingtouren verplant.

Am Ende saßen wir jedoch ziemlich lange in einem kleinen Café in einer Londoner Seitenstraße, wo wir stundenlang über Gott, die Welt und Affen philosophierten. Ich war schon immer genügsam gewesen, doch seit ich Marc kannte, war selbst ein kleiner geteilter Latte macchiato in einem gemütlichen Café ein Abenteuer. Genug, um den Alltag besonders zu machen. Denn es braucht nicht die wilde Achterbahn, um mein Herz pochen zu lassen, oder eine große Shoppingtüte, um mich glücklich zu machen. Alles, was es bedarf, ist dieser eine Mann, der im Herzen genauso frech ist wie meine Affen!

Nach drei geteilten Kaffees und neun Stunden in der Innenstadt fuhren wir zurück zum Flughafen, von wo aus wir den Nachtflug nach Johannesburg nahmen. Ich muss gestehen, dass ich mich die kompletten zwölf Stunden auf Marc breitgemacht und durchgeschlafen habe. Denn ich wusste, dass nach diesem Flug weitere sechs Stunden Busfahrt auf uns warteten und ich für die Weiterreise all meine Energie benötigen würde. Marc bekam kein Auge zu. Plötzlich schien ihm das Land mit den speienden Kobras und den frechen Affen nicht mehr ganz geheuer. Tausend Fragen schossen ihm durch den Kopf, und als ich nach einem langen, erholsamen, kuscheligen Schlaf die Augen öffnete, bombardierte er mich mit diesen. Allerdings war nun nicht die Zeit für Fragestunden, denn nach der Landung musste alles ganz schnell gehen.

»Erst besorge ich uns eine Handykarte, dann das Zugticket und zuletzt die Busfahrkarten, okay? Einfach mir nach. Alles andere besprechen wir später«, erklärte ich Marc.

In Südafrika gelandet, mussten wir uns beeilen, unseren Bus zu erreichen. Jede Verzögerung hätte dazu führen können, dass wir erst 24 Stunden später hätten weiterfahren können. Daher hetzte ich von einem Laden zum nächsten, während Marc immer wieder ganz unnötige Dinge fragte. »Wie lange dauert die Fahrt?«, »Wann können wir was essen?«, »Kann man hier auf die Toilette gehen?«, »Wie warm wird es heute?«, »Sieht man auf der Fahrt Giraffen?«, »Was ist dies?«, »Was ist das?«

Gestresst ignorierte ich jede einzelne dieser Fragen, abgesehen von der Toilette. Die zeigte ich ihm natürlich, da ich selbst auch musste und ich mir nach einem langen Flug erst einmal die Zähne putzen wollte.

Zu sagen, dass ich ein geduldiger Mensch bin, wäre eine absolute Lüge. Ich bin dermaßen ungeduldig, dass ich kaum zwanzig Sekunden auf etwas warten kann, ohne unruhig zu werden. Zu atmen hilft mir immerhin, vierzig Sekunden ruhig zu bleiben. Doch nachdem Marc mir die fünfundzwanzigste, meiner Ansicht nach unnötige, Frage stellte, obwohl ich mehrfach um Ruhe gebeten hatte, riss mir der Geduldsfaden.

»Beim nächsten Mal fahre ich wieder alleine!«, meckerte ich, während ich Marc sein Ticket in die Hand drückte und Richtung Zug hetzte. Doch mein Mann machte keine Anstalten, sich zu beeilen. Wann immer ich zurückschaute, trödelte er rum, und für einen kurzen Moment überlegte ich tatsächlich, ihn einfach stehen zu lassen. Aber der Liebe willen oder eher aus Angst, dass er dann nie wieder zurückfinden würde, bremste ich mich, und so biss ich mir vermutlich hundertmal auf die Zunge, bis wir beide schweißgebadet am Busbahnhof ankamen.

»Ich hole die Bustickets, und du bleibst einfach hier stehen. Halte beide Koffer gut fest, lass dich von niemandem ansprechen und guck so unfreundlich, wie du immer auf der Arbeit schaust, in Ordnung?«

Marc nickte nur, denn er spürte, dass ich gerade nicht nur unfassbar gereizt war, sondern auch unter großem Zeitdruck stand. Im Affentempo besorgte ich unsere Tickets, suchte die Haltestelle raus und marschierte los. Am Ende hatte unser Bus, wie eigentlich zu erwarten war, Verspätung, sodass wir beide anfänglich genervt, später jedoch wieder Hand in Hand auf einer Bank saßen und warteten. Diese Gelegenheit ließ Marc sich natürlich nicht entgehen, um seine Fragenliste wieder auszupacken, die ich nun geduldig mit ihm abarbeitete. Mit zehnminütiger Verspätung fuhr unser roter Reisebus vor, und ich schaute Marc mit hochgezogener Braue an.

»Noch irgendwelche Fragen?«

»Nein. Du besorgst die Sitzplätze, damit wir nicht stehen müssen, und ich lade das Gepäck ein.«

»Genau«, sagte ich erleichtert.

›Dann kann nichts mehr schiefgehen‹, dachte ich mir und drängte mich in die Menschenmenge, die ebenfalls versuchte, einen Platz zu ergattern. Immer wieder hatte ich einen Ellenbogen in der Magengrube, oder fremde Füße standen auf meinen. All das war ich jedoch gewohnt, und am Ende hatte ich uns beiden zwei halbwegs saubere Plätze nebeneinander erkämpft. ›Durchatmen‹, dachte ich, und im selben Moment blieb mir das Herz stehen, denn Marc lief einem Südafrikaner hinterher, der scheinbar einen unserer Koffer geklaut hatte. Geschockt legte ich mir die Hände vors Gesicht und überlegte für einen Moment, was ich tun sollte. Entweder ich würde mich wieder aus dem Bus drängeln und unsere sicheren Sitzplätze aufgeben, nur um Marc nicht helfen zu können. Denn alles, was ihm übrig blieb, war, den Koffer zurückzukaufen. Oder ich würde sitzen bleiben, auf meinen Mann vertrauen und mir sagen: Er schafft das schon! Ich nahm die Hände vom Gesicht, und nun waren die beiden, also der Kofferdieb und Marc, aus meinem Sichtfeld verschwunden. Gut, damit war die Entscheidung gefallen. Marc würde das schon schaffen! Sollte er nicht zurück sein, sobald der Busmotor ansprang, könnte ich immer noch aussteigen. Aber bis dahin würde ich unseren Platz bewachen. Es dauerte eine ganze Weile, und nachdem bereits alle anderen Passagiere eingestiegen waren, kam endlich die dunkelblaue Kappe in den Bus, die Marc auf dem Kopf trug. Als ich sein gestresstes Gesicht sah, atmete ich tief ein, und sämtliche Anspannung fiel von mir ab.

»Mir wurde der Koffer geklaut«, keuchte er entgeistert, und in diesem Moment entschied ich mich, so zu tun, als hätte ich von allem nichts mitbekommen. Wenn die Situation sich beruhigt hatte, würde Marc mein Vertrauen in ihn sicher ganz anders auffassen. Immer noch außer Atem nahm er neben mir Platz und legte seinen Kopf an meine Schulter.

»Willkommen in den Flitterwochen«, sagte ich und küsste seine Wange.

Marc

Getrost kann ich mein Leben in zwei Abschnitte aufteilen: Ein Leben ohne Michi und ein Leben mit ihr an meiner Seite. Denn sie brachte mir nicht nur eine Horde Affen, sondern auch so einiges an Abenteuer und Spannung in mein bis dato ruhiges Dorfleben, in einem Ort mit gerade einmal um die neunhundert Einwohnern.

Bevor ich sie kennenlernte, gestaltete sich mein Urlaub immer gleich. Eine Pauschalreise in »gewöhnliche« Urlaubsgebiete: türkische Riviera, Kanaren und dergleichen. Ziele, von denen man wusste, sie haben sich durch die Reise Millionen anderer Urlauber bewährt und bieten keinerlei Überraschungen. Und wenn ich das Bedürfnis hatte, meine All-inclusive-Reise mal etwas abenteuerlicher zu gestalten, buchte ich sie online statt in einem Reisebüro.

Daher war ich auch gewohnt, dass ich nach meiner Ankunft mehr oder weniger an der Hand meiner Reiseleitung zum Bus gebracht wurde, der mich ohne Umwege und die Gefahr, mich zu verirren, ins Hotel brachte.

In Südafrika begann mein Abenteuer bereits, bevor ich richtig angekommen war. Nämlich als mich eine monotone, unfreundliche Stimme an der Grenzkontrolle aus meinen Tagträumen riss.

»Welcome to Johannesburg. What is your destination in South Africa and what is the reason for your entry?«

Überrumpelt, dass man mir Fragen bei der Passkontrolle stellte, statt einfach einen Stempel in den Pass zu drücken, verlor ich für einen kurzen Moment meine für gewöhnlich vorhandenen Englischkenntnisse.

Ich wollte gerade »Honeymoon« sagen, da hörte ich Michi schon vom Nachbarschalter rufen.

»Volunteering in Limpopo!«

Der Beamte schaute mich daraufhin fragend an, und ich nickte nur. Obwohl ich es nicht sehen konnte, bin ich mir sicher, dass Michi in jenem Moment die Augen verdrehte, da sie dachte, dass sie mir diese Info vermutlich eben mitgeteilt und ich ihr vorher nur nicht richtig zugehört hätte.

Nachdem die Einreise nun halbwegs unproblematisch verlaufen war, warteten wir auf unsere Koffer. Auch wenn Michi gewiss keine gewöhnliche Frau ist, bleibt sie nicht von gewissen Stereotypen verschont. Einer davon ist ihre viel zu kleine Blase. Während sie zur Toilette ging, wurde ich damit beauftragt, die Koffer zu holen. Gefühlt eine halbe Stunde später fand ich mich allein in der großen Halle wieder. Keine Spur von Michi, und für einen Moment befürchtete ich, dass meine Frau die Flucht ergriffen hatte. Dabei war ich doch bisher recht pflegeleicht gewesen, wunderte ich mich, als zwei Polizisten mich ansprachen. Scheinbar war mein Warten und die Anzahl meiner Gepäckstücke für sie verdächtig, sodass mich einer von ihnen fragte, worauf ich warten würde, während der andere mein Gepäck begutachtete. Neben meinem und Michis Koffer hatten wir nämlich noch ein weiteres Gepäckstück mit Sachspenden für die Affen dabei. Meine ehrliche Erklärung, ich würde seit Ewigkeiten auf meine Frau warten, und meine hilflose Miene schienen mich glaubwürdig wirken zu lassen, sodass sie es bei der einen Frage beließen und davonzogen. Gefühlt sollte ich noch weitere zwanzig Minuten auf meine Frau warten, und das gab mir ausreichend Zeit, mir so einige Fragen bezüglich unserer Reise zu stellen.

Wie würde es jetzt weitergehen? Kann ich auch noch zur Toilette? Wo ist der Zug? Wie kommen wir zum Bus?

Die meisten von ihnen blieben unbeantwortet, aber da ich wusste, dass wir nicht zu Fuß gehen würden, war ich beruhigt. Manch einer mag nun lachen, doch wenn man eine Frau wie Michi heiratet, sind solche Überlegungen tatsächlich gar nicht so abwegig.

Zum Glück hatte ich aber bereits vor der Abreise ihrem Plan, aus Kostengründen zu trampen, heftig widersprochen und einen Bustransfer aushandeln können. Damals konnte ich ja noch nicht wissen, dass einem auch an einem Busbahnhof »Gefahren« drohen. Letztlich konnte ich meinen Fauxpas mit dem Koffer für umgerechnet fünf Euro aus der Welt schaffen und mich in den bequemen Sitz fallen lassen, welcher sich in diesem Moment wie ein Thron anfühlte. ›Geschafft‹, dachte ich mir und lehnte den Kopf an meine Traumfrau. Ihr Lächeln sagte mir, dass sie noch nicht ganz den Glauben an unsere Ehe verloren zu haben schien, und in diesem Moment wollte ich auch nur noch eine einzige Frage stellen: Wann sind wir endlich da?

Marcs
ERSTES MAL

Der Bus rollte los, und endlich ging es für uns beide in Richtung Auffangstation. Erleichtert lehnte ich gegen den alten, staubigen Sitz und grinste.

»Und das machst du sonst immer alleine?«, fragte Marc, noch immer sichtlich aufgewühlt.

»Ja, alleine ist es sogar wesentlich entspannter!«, neckte ich ihn. Doch es war die Wahrheit.

Eine Antwort sparte er sich in jenem Moment und schnaubte stattdessen wie ein sturer Esel.

»Ich bin trotzdem froh, dass du dabei bist«, flüsterte ich, bevor ich mir die Kopfhörer ins Ohr steckte und mich mit *Africa* von Toto schon mal auf die schönste Zeit meines Lebens einstimmte.

Während der Fahrt tippte Marc mich immer wieder an, da er langsam Hunger bekam.

»In etwa zwei Stunden kommen wir bei einer Raststätte an, wo du dir etwas zu essen kaufen kannst. Da gibt es auch Toiletten, die mäßig sauber sind. Also keine Sorge!«

»Gut, denn ich sterbe vor Hunger!«, sagte er wehleidig.

Als wir zwei Stunden später auf den Parkplatz rollten, wo zwölf Monate zuvor noch eine Raststätte war, verzog ich das Gesicht. Von der einstigen Tankstelle waren nämlich nur noch ein abgebrannter Dachstuhl und verkohlte Mauern übrig. ›So viel zu meinem *keine Sorge*‹, dachte ich mir.

»Marc?«, flüsterte ich, um den hungrigen Löwen vorsichtig zu wecken.

»Sind wir da?«, fragte er schlaftrunken, und ich hörte seinen Magen meckern.

»Ähm, nein. Die Raststätte ist abgebrannt«, sagte ich und deutete auf das völlig verkohlte Gebäude.

»Also keine Pommes für mich?«

Ich schüttelte mitfühlend den Kopf. Der Bus stoppte dennoch, was uns weiter hoffen ließ, wir könnten uns hier mit Snacks eindecken. Doch die Suche nach etwas Essbarem war vergebens. Zwar stand dort ein blauer Container, an dessen Tür ein Schild hing, auf dem »Shop« geschrieben stand, jedoch war der Laden geschlossen. Uns blieb daher nichts anderes übrig, als mit knurrendem Magen zurück in den Bus zu steigen.

»Tut mir leid«, sagte ich mit schlechtem Gewissen. Denn als Marc sich am Flughafen noch etwas zu Essen hatte kaufen wollen, hatte ich ihm versprochen, dass wir hier etwas essen könnten, weil dann mehr Zeit wäre. Nun hatten wir weder gefrühstückt noch zu Mittag gegessen. Die restliche Fahrt schliefen wir beide oder spielten »Ich sehe was, was du nicht siehst«, was allerdings ziemlich witzlos war, da meine Brille noch im Koffer lag und ich während langer Reisen keine Kontaktlinsen trug, und ich somit alles nur verschwommen sah. Daher lehnten wir beide uns nach einer Weile aneinander, lauschten unserer Musik und ließen die Landschaft an uns vorüberziehen. Die Sonne schien immer wieder durchs Fenster, und wann immer ich eine Abfahrt sah, die uns unserer Station näher brachte, zuckte ich vor Freude.

Etwa eine Stunde bevor wir in Tzaneen ankamen, stand der Stadtname zum ersten Mal auf einem Straßenschild, und ab dort schien mir jeder Baum, jeder Stein und jedes Haus so bekannt. Ich erzählte Marc über die eine kleine Farm, die ich am liebsten kaufen würde, den Fluss mit den Flusspferden, den Kletterpfad, den man hier besuchen konnte, und schließlich alles über die Affen. Ich sprudelte wie ein Wasserfall und gab ihm nicht nur die Antworten, die er den ganzen Morgen haben wollte, sondern plauderte wild drauflos von allem, was mir in den Kopf kam.

»Wir sind da! Wir sind da! Wir sind da!«, kicherte ich, als wir den Hügel hinab in die Stadt fuhren. Wie ein Flummi hüpfte ich auf meinem Sitz auf und ab und blickte immer wieder in Marcs nervöse Miene.

»Ich bin so gespannt«, murmelte er aufgeregt.

»Ich auch!«, jubelte ich, drückte seine Hand und konnte alleine über seine Finger sein stark pochendes Herz spüren. In jenem Moment versuchte ich mich an meine erste Fahrt zur Station zu erinnern und damit ein wenig nachzuempfinden, wie es Marc wohl gehen mochte. Vor vier Jahren war ich diese Straße das erste Mal entlanggefahren, und hätte ich damals gewusst, dass ich genau hier das Glück auf Erden finden würde, wäre ich wohl weniger besorgt gewesen. Doch damals war ich unfassbar nervös, versuchte immer wieder mit meinem Fahrer Matt zu quatschen, der allerdings nicht sonderlich gesprächig war. Verunsichert und ängstlich betete ich damals, dass das neue Projekt kein Reinfall sein würde. Hätte ich damals nur gewusst, dass ich heute die bin, die mit den Affen springt. Aber das Leben kann man nur vorwärts leben, auch wenn man es rückwärts versteht. Alles ergibt irgendwann einen Sinn!

Während mir diese Gedanken durch den Kopf gingen, hielt der Bus, ich nahm Marc bei der Hand und grinste ihn wie ein Honigkuchenpferd an.

»Wir sind fast da!«

Als ich diese Worte aussprach, begann auch mein Herz ganz wild zu pochen, denn ich konnte es kaum erwarten, drei Wochen vereint mit meinem Mann und meinen Affen im Land meiner Träume zu leben. Marc lächelte mich an, nickte und küsste sanft meine Stirn. Dann drehte ich mich um, nahm meinen Rucksack und blickte noch mal über die Schulter zurück.

»Komm!«, sagte ich fröhlich, ehe ich die Stufen des Busses hinabhüpfte, unser Gepäck schnappte und mich an den Taxistand stellte, wo ein Fahrer uns abholen würde. Typisch für Südafrika war dieser eine gute halbe Stunde zu spät, was Marc, der absolut überpünktlich ist, erneut Sorgenfalten ins Gesicht trieb. Das alles war nicht seine Welt! ›Noch nicht‹, dachte ich mit einem Schmunzeln.

Bereits dort wusste ich, dass die Neugier, die in seinen Augen funkelte, wann immer ich von Affen sprach, und die Liebe zur Natur und allen Tieren eines über ihn aussagte: Er ist der perfekte Affenpapa.

Mit jedem Meter, den wir uns der Station näherten, wurde ich trotz dieser Gewissheit nervöser, aber gleichzeitig auch überwältigter, dass all das wirklich real war. Das Gefühl, meinen Lieblingsort auf der Welt mit jemandem zu teilen, den ich genauso liebe wie die Affen, war unbeschreiblich, und als wir nach über dreißig Stunden Anreise endlich die Tore der Auffangstation durchquerten, sprang ich, noch bevor der Wagen hielt, aus der

Beifahrertür. Marc tat es mir gleich, und als wir dort, an meinem liebsten Ort der Welt, händchenhaltend standen, war ich den Tränen nahe.

»Angekommen«, hauchte ich dankbar.

»Endlich«, flüsterte Marc mir ins Ohr.

Wir waren keine zwei Minuten da, da fiel mir Jasmin, eine Helferin, die ich vom letzten Jahr kannte, um den Hals. Sie war mittlerweile Projektmanagerin und begrüßte Marc und mich herzlich.

»Willst du deine ehemaligen Babys sehen?«, fragte sie, und ich klatschte vor Freude in die Hände und nickte. Keine zehn Minuten nachdem wir also angekommen waren, ließ ich meinen Mann links liegen und ging ohne Umwege ins Affengehege, wo Link und Penny, meine Schützlinge von 2018, auf mich warteten.

»Kommst du mit?«, rief ich lachend, und Marc dackelte uns unbeholfen nach.

»Da ist Link«, sagte Jasmin und deutete auf eines der größten Männchen im Gehege.

»Er ist riesig!«, sagte ich erstaunt. Ein Jahr zuvor hatte ich diesen Knirps vier Wochen lang mit einer Pipette alle zwei Stunden zwangsernährt, da er sonst verhungert wäre, weil er die Nahrung verweigert hatte. Vier Wochen, in denen ich kaum geschlafen hatte und jedes Mal, wenn ich nach zwei Stunden die Nachtbox öffnete, Angst hatte, dass er es nicht geschafft hatte.

»Das ist Linki«, sagte ich, nahm Marc mit ein paar Freudentränen im Auge bei der Hand und deutete auf den Affen, der sich für mich ganz deutlich von allen unterschied.

»Welcher? Die sehen alle gleich aus!«, fragte Marc.

Jasmin und ich blickten Marc entsetzt an.

Wenn ich dir nur zwei Sachen aus diesem Buch mit auf den Weg geben darf, dann die zwei wichtigsten Regeln, wenn man mit Affen arbeitet!

Regel Nummer eins: Die Primaten sehen nicht alle gleich aus.

Regel Nummer zwei: Paviane und Mandrills sind nicht das Gleiche.[1]

»Warte mal die nächsten Tage ab«, sagte ich mit einem Lächeln zu Marc, der gerade seine Hände durch den Maschendraht steckte und zum ersten Mal einen Affen berührte. Die kleinen Babyaffen waren sichtlich verängstigt, doch die heranwachsenden Männchen kamen immer wieder zu uns, um Marc zu berühren. Ganz fasziniert stand mein Mann da, ließ die Affen an seinen Händen schnuppern und schaute mich immer wieder verlegen grinsend an. Ich nickte ihm nur zu, damit er wusste, dass er nichts falsch machte.

»Ich glaube, der war schon ein paarmal da, oder?«, fragte Marc, als Tyga, ein kleineres Männchen, bereits zum dritten Mal nach seiner Hand griff und sie erkundete.

Ich nickte und grinste übers ganze Gesicht. Was könnte es Schöneres geben, als meinen Traummann mit meinen Traumaffen zu sehen?

Während Jasmin und ich schon mal ins Gehege gingen, blieb Marc draußen stehen und beobachtete, wie wir uns zu den Affen ins Heu legten.

»Wie ich das vermisst habe!«, schwärmte ich, als mir ein kräftiges kleines Männchen in die Arme hüpfte und wie wild

---

1 Leider hat Disney in der Erstauflage von König der Löwen nicht ganz korrekt recherchiert und aus dem allbekannten Rafiki einen Hybriden gemacht. Denn Rafiki hat den Kopf eines Mandrills, aber den Körper eines Pavians. Seither werden die beiden Arten andauernd verwechselt.

kicherte. Der dicke Affe mit dem Löwenschwanz hieß übrigens Chris. Immer wieder kam er hergelaufen, um für zwanzig Sekunden zu giggeln und zu kuscheln, bevor er, wie von der Tarantel gestochen, durch das Gehege davonschwang. Natürlich freute ich mich riesig über meinen neuen Freund, doch meine Aufmerksamkeit galt Link. Unterbewusst hoffte ich die ganze Zeit, dass er sich an mich erinnern würde. Doch mein kleiner Schützling, den ich ein Jahr zuvor so sehr umsorgt hatte, interessierte sich am Anfang kein bisschen für seine ehemalige Ziehmutter. Auch wenn ich wusste, dass es nicht ungewöhnlich war, dass er nicht zu mir kam, war ich innerlich etwas betroffen. Doch das gehört zu der Arbeit als Tierschützerin. Zu akzeptieren, dass das der Lauf des Lebens ist und einen alle Schützlinge eines Tages vergessen werden. Vor allem kleinere Babys erinnern sich nach einem Jahr kaum noch an die Pfleger, die sie aufgezogen haben. Denn wie bei uns Menschen ist das Gedächtnis nicht von Anfang an ausgeprägt.

Aber das Wissen darum, dass es normal ist, vergessen zu werden, und das Gefühl dabei sind zwei Paar Schuhe. Und so war mein Affenmamaherz überglücklich, als der kleine Mann sich endlich in meine Arme wagte.

Nach endlosen zehn Minuten, die sich länger als die dreißigstündige Anreise anfühlten, kam er zu mir. Ganz sanft schlich er über die halbhohe Mauer entlang des Geheges. Seine Hände berührten mich, und seine braunen Augen blickten zu mir auf. Vorsichtig schnupperte er an meiner Hand, und als ihm mein Geruch vertraut war, nahm er mich sanft in den Arm. Ich legte meinen Kopf auf seinen und hörte ihn zufrieden murmeln. Für zwei Minuten blieb er bei mir, rieb sein Köpfchen an meiner Brust und schaute mich immer wieder dankbar an. Dann pinkelte das kleine Männchen und sprang über die Balken davon. Es war das letzte Mal, dass Link zu mir kam.

Ja, auch das sind Affen. Kurz und schmerzlos. Aber alleine diese Geste zeugte von einer unglaublichen Verbindung, und für den kleinen Link war dies ein wichtiger Schritt in Richtung Freiheit. Denn ab sofort brauchte er keine Mama mehr und spielte lieber mit den großen Jungs.

Verliebt und völlig erfüllt lächelte ich Marc an, der noch immer draußen stand.

»Magst du zu uns kommen?«, fragte ich.

Er grinste nur frech, zog sich die Schuhe aus, und wir ließen ihn ins Gehege. Vorsichtig schlich Marc auf Zehenspitzen und in Zeitlupe durch den Käfig, um die Affen nicht aufzuschrecken.

»Schatz?« Ich schaute ihn fragend an.

»Ich will sie nicht verschrecken«, flüsterte er.

»Du erschreckst die Affen eher, indem du hier durchschleichst – wie ein Raubtier«, erklärte ich ihm, da einige Affen bereits besorgt zu mir kamen und Marc skeptisch begutachteten. Ich atmete tief ein, hielt mir für einen Augenblick die Hand vors Gesicht und blinzelte, dann schaute ich nach links zu Penny, die sich wohl fragte, was für einen Affen ich da mitgebracht hatte.

»Oh«, erwiderte Marc unsicher und schaute sich um, realisierend, dass die Affen ihn wirklich irritiert anschauen. Denn extrem langsames Gehen in geduckter Haltung ähnelt dem Pirschen. Ein Verhalten von Prädatoren, wenn sie sich an Beute heranschleichen. Und Paviane sind eben unter anderem Beutetiere von Löwen oder Geparden.

»Geh einfach ganz normal. Wenn ein Affe zu dir kommt, dann streichle oder lause ihn ruhig, okay?«, schlug ich ihm mit einem Zwinkern vor.

»Okay, und gibt's irgendwas, was ich nicht tun sollte?«

Ich verdrehte die Augen und lachte: »Das, was ich dir schon hundertmal erklärt habe.«

»Ich bin fast dreißig, da wird man langsam dement«, redete Marc sich raus.

»Erstens, schau den Tieren zu Beginn nicht direkt in die Augen, denn dadurch können sie sich verunsichert oder provoziert fühlen, wenn sie dich noch nicht kennen. Zweitens, halte die Affen nicht fest oder ziehe sie zu dir, denn jede Interaktion geht von ihnen aus. Wir bedeuten für sie Sicherheit und *enrichment*[2], also eine Bereicherung zum Spielen, aber nur, wenn sie das möchten. Drittens, wenn sie dich sehr feste oder mehrfach beißen, dann mach dich groß, brüll mit dunkler Stimme ›Wahoo‹, den Dominanzschrei der Paviane, und wenn du dich traust, beiß zurück. Aber nur in den Schwanz und achte dabei darauf, dass du den Affen mit beiden Händen festhältst. Eine Hand in den Nacken, eine direkt hinter dem After am Schaft des Affenschwanzes. Dann kannst du mit ein bisschen Abstand zum Hintern beißen, so wie es die Affen selbst auch machen würden. Denn das Wichtigste: Als Teil der Truppe verhalten wir uns wie die Truppe«, wiederholte ich die wichtigsten Dinge im Schnelldurchlauf.

---

2 *Enrichment* ist eine Form der Bereicherung für Tiere, die in Gefangenschaft leben, um Langeweile zu vermeiden und/oder natürliches Verhalten zu fördern. Dabei gibt es vier Arten, die dir auch in diesem Buch begegnen werden. *Soziales Enrichment* durch das Leben mit den eigenen Artgenossen, aber auch anderen Spezies. *Physisches Enrichment* durch das Erleben von neuen Umwelteinflüssen wie beim Buschwald. *Sensorisches Enrichment* durch neue Sinneserfahrungen wie neue Gerüche, die die Tiere auf den *Walks* erleben. *Ernährungstechnisches Enrichment* durch das Einbringen von verschiedener Nahrung wie Obst, Gemüse, Gras, Blätter, aber auch durch die Möglichkeit, auf dem *bush walk* nach Sprossen, Samen und anderen essbaren Dingen Ausschau zu halten, wie beispielsweise Marula-Früchten.

»Ich werde gewiss keinen Affen beißen, wenn ich das erste Mal im Gehege bin«, erwiderte er.

»Und das ist der Grund, warum ich am Ende immer das Alpha bin«, neckte ich ihn. »Ich würde direkt beißen!«, fügte ich frech hinzu, musste aber gestehen, dass ich bei meinem ersten Mal im Affengehege tatsächlich leicht gebissen wurde, ohne zurückzubeißen.

Marc setzte sich mit etwas Abstand neben mich und blieb die ersten Minuten tatsächlich starr wie eine Puppe sitzen. Wann immer ein Affe zu ihm kam, wollte er nichts tun, um das Tier zu verunsichern. Doch als der kleine Tyga bereits zum vierten Mal versuchte, mit Marc zu kuscheln, war das Eis gebrochen. Behutsam streichelte er den kleinen Mann mit den Elfenohren und ließ sich von ihm lausen. Nach wenigen Minuten riss Tyga an Marcs Shirt, kletterte darunter, legte seinen Kopf an seine Brust und schlief ein.

»Sie lieben Körperwärme«, flüsterte ich.

Marc nickte nur, und das war der Moment, in dem er mich, bereits am zweiten Tag unserer Flitterwochen, links liegen ließ.

Absolut verständlich, denn solche Momente sind Erinnerungen, die einem niemand mehr nehmen kann. Es sind, wie Marc sagen würde, kleine bunte Steine im Mosaik seines Lebens.

Aber nicht nur für Marc war dieser Moment besonders. Auch in mein Herz hat sich dieses Bild für immer eingebrannt, denn in jenem Moment habe ich eine Verbindung zwischen uns gespürt, von der ich sonst glaubte, nur ich würde sie kennen. Wenn ich nicht gewusst hätte, wie schön dieser Moment für Marc war, hätte ich ihn am liebsten in den Arm genommen und nie wieder losgelassen. Denn ich war von Kopf bis Fuß erfüllt von Freude, Glück und Dankbarkeit.

»Das ist übrigens Penny«, sagte Jasmin, als mich ein großes Pavianmädchen zu lausen begann. Penny war ebenfalls eines meiner 2018-Babys gewesen und einer der schlimmsten Schreihälse, die mir jemals untergekommen waren. Davon war aber zum Glück nichts mehr übrig, denn sie lauste mich vollkommen ruhig, stylte mir die Haare und richtete meine Augenbrauen.

»Penny, Penny, Penny«, sagte ich lächelnd, und sie begann sich zu freuen, weil sie erkannte, wer ich war. Im Gegensatz zu Link blieb sie bei mir, umsorgte mich liebevoll und ließ mich kaum gehen. Doch da wir pünktlich zum Abendessen mussten, war es Zeit zu duschen. Schweren Herzens verabschiedete ich mich von den Affen. Dann verließen wir das Gehege. Als Marc mich fragte: »Wann können wir das nächste Mal ins Gehege?«, konnte ich nicht anders als ihm um den Hals zu fallen.

»Morgen«, sagte ich und küsste ihn. »Schon morgen!«

Marc

Wenn ich die Augen schließe und an die Fahrt denke, sehe ich mich: einen erst gestressten, dann erschöpften und zuletzt, nach einem kurzen Nickerchen, beeindruckten Mann, der die letzten Stunden fasziniert aus dem Fenster blickte und sich abermals fragte: ›Das soll Südafrika sein?‹

Fasziniert beobachtete ich während unserer Anreise die Landschaft und Vegetationen, die mir Michi bereits so oft beschrieben hatte. Geflasht versuchte ich alle Eindrücke mit meinen Vorstellungen, wie Südafrika wohl sein würde, abzugleichen. Natürlich wusste ich, dass Südafrika keine Wüste ist, und ich stellte auch nie infrage, dass es dort eine üppige Vegetation gibt, aber je weiter wir Richtung Norden kamen, desto grüner wurde mein Ausblick. Auf den schmalen geschlängelten Straßen fühlte man sich daher fast wie auf einer Dschungelsafari. Die Felsformationen und Canyons mit ihrem exotischen Pflanzenbewuchs und den Wasserfällen wirkten auf mich wie aus einer anderen Welt, aus einer Traumwelt – so unberührt und wunderschön.

Als Michi dann plötzlich sagte, wir seien gleich da, und auf einen Mini-Markt mit Zapfsäule deutete, dachte ich mir nur: ›Das ist doch eine Tankstelle und keine Farm?‹

»Genau, hier werden wir eingesammelt und zur Auffangstation gebracht«, erklärte sie, als wir ausstiegen.

An der Tankstelle wurden wir dann mit einer, wie Michi sagen würde, geringfügigen Verspätung von dreißig Minuten abgeholt. Als der weiße Truck auf den Parkplatz rollte, warf sie freudig unser Gepäck auf die Ladefläche des Pick-up und sprang in den Wagen. Aber woher wusste sie denn, dass das unser Wagen war? Nun ja, egal! Ich tat es ihr gleich, und nun zählte ich die Minuten, bis wir endlich da wären.

Nach einer halben Stunde ging es schließlich von der asphaltierten Straße auf einen – in Europa würde man sagen: – »Feldweg«. Dort war es jedoch eine offizielle Straße, die zur Farm führte. Nur wenige Meter später erblickte ich auch endlich das Tor zu unseren Flitterwochen. Kaum hindurchgefahren, hatte das Affenfieber meine Frau gepackt!

Nachdem ich mir zuerst lieber einen Überblick über den Chaostrupp verschafft hatte, wagte ich mich wenig später schüchtern, Schritt für Schritt, in den Käfig vor. In Zeitlupe ließ ich mich auf dem Boden nieder, um keinen von ihnen zu verscheuchen. Naiv, wie ich in vielerlei Hinsicht zu diesem Zeitpunkt war, dachte ich, dass es schlau war zu schleichen, aber ich lernte in den kommenden Tagen schnell dazu. Doch bis dahin sorgte ich vermutlich sowohl bei Michi als auch bei den Tieren für einige Lacher oder skeptische Blicke.

Nachdem ich es mir auf dem Boden bequem gemacht hatte, begannen die ersten Affen, auf meinem Kopf herumzuturnen. Das war er, mein erster Kontakt mit Affen, und meine Angst, sie irgendwie zu verschrecken, schien unbegründet zu sein, denn die meisten Paviane schauten sowieso nur neugierig vorbei, zogen an meiner Kleidung und sprangen direkt wieder weg, nachdem ich offensichtlich für langweilig befunden wurde. Nur Tyga, welchen ich noch nicht von den anderen unterscheiden konnte, krabbelte neugierig unter mein Shirt, und zum ersten Mal spürte ich die Nähe eines Affen hautnah. Was mir wohl am intensivsten in Erinnerung geblieben ist, ist sein kleiner Körper, der sich bewegende Brustkorb und sein weiches Fell, welches er ganz feste an mich drückte. Faszination pur. Die Zeit schien stillzustehen. Spätestens hier war alle Müdigkeit vergessen. Wie hätte ich auch in diesem Moment an etwas anderes denken können als Affen?

Unausgesprochen spürte Michi, dass ich mich gerade nirgendwo lieber als barfuß auf den dreckigen Fliesen eines

Affenkäfigs sitzend befinden würde, denn ich konnte gar nicht mehr aufhören zu lächeln. Als ich die Bilder sah, die Michi von mir und Tyga gemacht hatte, erkannte ich ein mir bekanntes Strahlen in meinen Augen. Es war dasselbe Strahlen, welches ich sonst nur von Michi und ihren Affenbildern kannte.

In diesem Moment begann ich, ihre Begeisterung für die Affen nachzuempfinden.

TIA
THIS IS AFRICA

*I*n fünfzehn Minuten gibt es Abendessen!«, schnaufte ich, als Marc und ich in Richtung unseres Zimmers liefen. »Und Gus hasst es, wenn man zu spät ist!«, fügte ich zwinkernd hinzu. Gus war der Gründer der Farm und ein sturer und gleichzeitig freundlicher alter Mann.

»Aber du bist doch nie pünktlich«, erwiderte Marc verwundert.

Ich lächelte nur und streckte ihm die Zunge raus. Tatsächlich hatte Marc recht. Pünktlichkeit war, neben der Sache mit der Geduld, auch keine meiner Stärken. Aber hier in Südafrika war alles anders. Zwar war ich auch hier hin und wieder unpünktlich, aber das musste Marc ja nicht wissen.

Für unsere Flitterwochen hatte Liz, die Besitzerin der Farm, die ebenfalls wie Gus fast siebzig war, uns eine besondere Überraschung eröffnet. Wir durften in einem richtigen Haus neben dem Hauptgebäude schlafen, was sonst eigentlich den älteren Semestern und der Projektleitung vorbehalten war.

»Ein Doppelbett«, rief ich erfreut, als ich die Tür zu unserem kleinen Zimmer öffnete und das mit Pralinen und Sekt dekorierte alte Holzbett sah. Tief berührt von dieser herzlichen Überraschung, mit der ich absolut nicht gerechnet hatte, ließ ich mich zwischen Schokolade und Alkohol auf dem Bett nieder, und mir kamen die Tränen.

»Endlich sind wir da!«, schluchzte ich, vollkommen überwältigt.

Marc kniete sich vor mich, begann zu grinsen und sagte dann: »In dreizehn Minuten gibt es Abendessen.«

Dieses Mal schnaubte ich wie ein sturer Esel, bevor wir uns küssten. Ich weiß nicht, wie wir es schafften, aber nachdem wir die letzten Meter sprinteten, waren wir tatsächlich pünktlich zu Tisch.

Mein Herz pochte die ganze Zeit heftig, nicht nur wegen der Anstrengung, sondern auch weil ich unglaublich nervös war, Marc Gus und Liz vorzustellen. In den letzten fünf Jahren waren sie für mich wie meine südafrikanischen Großeltern geworden. Immer wieder drückte ich angespannt Marcs Hand, und als der alte Mann mit den beigen Shorts, dem karierten Hemd und der Kippe im Mund den Essensraum betrat, hielt er abrupt inne und fiel mir um den Hals.

»Du bist verrückt!«, begrüßte er mich herzlich. »Und du musst auch verrückt sein!«, sagte er zu Marc und nahm ihn sofort in den Arm.

Mir fiel ein Stein vom Herzen. Nicht, weil ich dachte, dass Marc sich mit Gus nicht verstehen würde, aber alleine die Begegnung zweier Menschen, die mir so viel bedeuteten, war so aufregend, dass mein Herz Purzelbäume schlug. Immerhin hatte ich in all den Jahren nie jemanden mit hierhergebracht und auch nie jemanden mit nach Südafrika nehmen wollen. Dieses Land und die Affen waren immer mein geheimer Garten, mein Kraftort und ein unberührtes Stück Erde voller Glückseligkeit. Man könnte deshalb denken, dass es mich viel Überwindung gekostet hatte, Marc mitzunehmen, aber dem war nicht so. Wir beide kamen ein Jahr zuvor, kurz bevor ich nach Südafrika reiste, zusammen. Und jede Sekunde, die ich bei den Affen war, wünschte ich mir nichts mehr, als all das mit ihm zu teilen. Wann immer ich an der *food prep* – der Station, wo das Futter für die Tiere vorbereitet wurde – stand und Obst und Gemüse für die Affen schnitt, stellte ich mir vor, wie Marc wohl die Machete schwingen würde. Jedes Mal, wenn ich in den Aufenthaltsraum ging, überlegte ich, an welchem Tisch er sitzen würde, wäre er hier. Ging ich am Fluss mit den Flusspferden vorbei, der am unteren Ende der Auffangstation vorbeifloss, wünschte ich mir, mit ihm Gespräche über Affen führen zu können. Und wo auch immer ich mich umdrehte, sah ich vor meinem inneren Auge sein grinsendes Gesicht mit einem frechen Pavian auf der Schulter. Von der ersten Sekunde an konnte ich mir vorstellen, all das mit ihm zu teilen.

»Da wir heute angekommen sind, kriegen wir als Erste zu essen«, erklärte ich Marc. »Danach müssen wir uns immer anstellen«, fügte ich schmunzelnd hinzu und deutete auf die Schlange von hungrigen freiwilligen Helfern, die ebenfalls in der Auffangstation aushalfen.

»Glück gehabt! Ich sterbe nämlich vor Hunger«, sagte er, und ich konnte den unterschwelligen Vorwurf raushören.

»Immerhin ist die Farm nicht abgebrannt«, neckte ich ihn und stellte mich als Erste an. Es gab Nudeln mit Käsesoße[3], eines der vielen Gerichte in Südafrika, die ich nicht mochte. Was Essen angeht, bin ich unfassbar wählerisch und finde alles exotisch, was

---

3   Während unserer Flitterwochen ernährten Marc und ich uns noch nicht vegan. Erst Anfang 2020 stellten wir unsere Essgewohnheiten um.

mehr als zwei Gewürze enthält. Doch an diesem Abend hätte ich vermutlich auch Marcs berühmte Chili-Mango-Soße gegessen, die ich bis heute nicht probiert habe, da mir alleine der Gedanke daran Gänsehaut bereitet.

Nachdem die Teller nicht mehr klapperten und wir alle satt waren, stand Gus auf und hielt seine typische Willkommensrede für Marc und mich. Und obwohl ich diese bereits hundertmal gehört hatte, lauschte ich jedem Wort aufmerksam und erkannte sofort, als Gus vom gewohnten Text abschweifte. Denn statt Regeln und Vorschriften aufzulisten, fand er an diesem Abend ganz besondere Worte für uns.

»Zuerst einmal gratuliere ich euch von ganzem Herzen. Michi ist nach all den Jahren wie eine Tochter für uns, und das macht dich zu unserem Sohn. Und als unser Sohn möchte ich dir eines sagen: Marc, dass Michi Augen für etwas anderes hat als Affen, spricht sehr für dich. Behandle mein Mädchen gut und arbeite ja tatkräftig mit, denn sonst bekommst du es mit dem gefährlichsten Tier Afrikas zu tun: mir. Ach, und macht viele Freiwilligenhelfer für die Affen. Dafür haben wir euch extra das Doppelbett gegeben.«

Wir lachten verlegen, und auch alle anderen mussten lachen. Dann hob Gus sein Glas Wasser, und wir stießen mit zwanzig Fremden, die ganz bald unsere Freunde sein würden, auf unsere Flitterwochen an.

»Ich liebe es hier!«, kicherte ich Marc zu.

Nach dem Abendessen schauten Marc und ich uns nur noch schnell die Arbeitspläne an. Doch aus meinem »Ein Blick und dann gehen wir schlafen«-Vorhaben wurde nichts.

»Ich versteh nur Bahnhof!«, sagte Marc stirnrunzelnd, noch ehe ich anfangen konnte, ihm alles zu erklären.

»Das kann ich dir schnell erklären, keine Sorge«, erwiderte ich grinsend und wies meinen Mann ein. Wir waren zwar tagsüber in einem Arbeitsteam, aber hatten vorm Frühstück verschiedene Aufgabenbereiche. Ich war für *food prep* eingeteilt und Marc für das Putzen des Paviangeheges.

»Also sind wir nicht zusammen?«

»Nicht rund um die Uhr. Und das ist auch gut so!«, meinte ich, nahm ihn bei der Hand und trat auf die Veranda. Dort saß Lily, eine Helferin, die ich ebenfalls noch aus dem vergangenen Jahr kannte. Sie wartete bereits auf mich. Freudig liefen wir aufeinander zu und nahmen uns herzlich in den Arm.

»Oh mein Gott, du hast geheiratet?«, fragte sie fassungslos und freudig zugleich.

»Ja, ich weiß. Unglaublich!« erwiderte ich.

»Ich weiß noch, wie du letztes Jahr erzählt hast: Ja, ich habe seit fünf Tagen einen neuen Freund. Er heißt Marc und ist Polizist. Und jetzt seid ihr nach gerade mal einem Jahr hier und feiert eure Flitterwochen. Das ist so verrückt!«

»Nach zehn Monaten«, verbesserte Marc sie und stellte sich Lily vor. Dann gingen wir in den Aufenthaltsraum, unterhielten uns noch eine gute Stunde mit den anderen, bis wir beinahe im Sitzen einschliefen und endlich zu Bett gingen. Verliebt schlenderten wir unter freiem Sternenhimmel und mit dem Zirpen der Grillen im Ohr in Richtung Haus.

»Die Sterne hier sind wirklich so schön, wie du immer erzählt hast«, sagte Marc, und ich nickte nur. »Danke, dass ich all das mit dir erleben darf!«, flüsterte er, und ich schmunzelte stumm zum Sternenhimmel hinauf, zu erschöpft, um auch nur ein Wort zu sagen. Und dennoch spürte Marc, dass ich unendlich dankbar für das Hier und Jetzt war.

In unserem Zimmer angekommen, wollte ich nur noch unsere Wertsachen in den Safe bringen und dann endlich schlafen. Doch es kam alles anders!

Denn als ich mein Portemonnaie prüfte, war das gesamte Geld fort.

»Marc?«, sagte ich entgeistert.

»Ja?«

»Hast du das Geld aus meinem Geldbeutel genommen?«

Obwohl ich die Antwort genau kannte, hatte ich einen Funken Hoffnung, dass es nicht stimmte.

»Nein«, sagte er.

»Wir wurden beklaut. Alles Bargeld ist weg!«

»Die ganzen 180 Euro?«, fragte er entsetzt, und ich nickte nur stumm. All die Leichtigkeit war von jetzt auf gleich verschwunden, stattdessen machte sich Fassungslosigkeit breit. Marc resignierte innerlich, denn für ihn war das nicht nur eine Bestätigung seiner Vorurteile, sondern auch ein Einschnitt in seine Privatsphäre. Damit waren für ihn Grenzen überschritten worden. Elementare Grenzen! Immer wieder schnappte er nach Luft, doch ihm fehlten die Worte, und auch ich wusste nicht, was ich hätte sagen sollen. Für zehn Minuten saßen wir daher still auf dem Bett, bis ich einen Entschluss fasste.

»Weißt du, was? Vielleicht taucht es wieder auf. Und wenn nicht, dann lasse ich mir das hier nicht davon kaputtmachen. Es ist nur Geld. Ja, wir haben lange dafür gearbeitet, aber wenn ich mich nun daran aufhänge, dann ist nicht nur das Geld verloren, sondern auch unsere Zeit! Ich gehe zu Jasmin, melde ihr, dass es einen Diebstahl gab, und dann sehen wir, ob es jemand zurückgibt. Und wenn nicht, dann leben wir genauso weiter. Unsere Zeit hier kann uns niemand nehmen!«, sagte ich sanft lächelnd zu Marc, der mich nur bestürzt ansah. Immerhin war er nun innerhalb von 24 Stunden schon zweimal beklaut worden. Und als Polizist hatte er ein anderes Verhältnis zu Straftaten. Mit einem tiefen Seufzen nahm er meine Hand. »Du hast recht!«

Gemeinsam gingen wir zu Jasmin, meldeten den Vorfall und machten dann noch einen kurzen Spaziergang, bevor wir endgültig ins Bett fielen.

»Was ein Tag«, schnaubte Marc erschöpft.

»TIA«, antwortete ich. »This is Africa.«

Marc

Im Zimmer angekommen, stellte ich fest, dass alles perfekt war. Einzelzimmer in einem kleinen Häuschen. Ein Bad mit Dusche, Kühlschrank und ein Ventilator für die warmen Nächte waren vorhanden. Da mir immer viel zu warm ist, war klar, der müsste bei den vorherrschenden Temperaturen sicher häufig laufen. Und da ich mit damals 29 Jahren auch der drittälteste Helfer war, durfte ich mich auch zum alten Eisen zugehörig fühlen, für die dieses Haus eigentlich vorgesehen ist. Vom Abendessen ist mir nicht fiel in Erinnerung geblieben, abgesehen davon, dass ich noch nie vor zwanzig Fremden dazu ermutigt wurde, im für mich bereitgestellten Bett für Nachwuchs zu sorgen. Aber auch das hatte ich dank der Müdigkeit schnell verdrängt – wohlbemerkt eine meiner besten Eigenschaften. Völlig erschöpft von den Reisestrapazen war es mir kaum möglich, einen Namen der anderen Volontäre zu behalten, welche sich uns vorstellten, und auch die Entzifferung des Dienstplans gestaltete sich für mich so schwer wie das Auseinanderhalten der Affen. Aber das sollte sich alles sehr bald ändern. Der erste Abend war gleichermaßen schnell vorbei, wie auch die südafrikanische Sonne in nur wenigen Minuten untergegangen war, und hielt dennoch eine unschöne Überraschung für uns bereit: einen weiteren Diebstahl. Zweimal auf einer Reise beklaut – und das als Polizist, der bis hierhin noch nie bestohlen wurde. Im Nachhinein nur eine Randnotiz einer speziellen Reise, eine neue Erfahrung im Leben, die man wohl nur dort so leicht, nach dem ersten Schrecken, verdrängen konnte.

Trotz all der Strapazen schloss ich letztlich die Augen, voller Vorfreude auf den ersten Arbeitstag mit Michi und den Affen. Ich war angekommen und hatte das Kostbarste, was man sich wünschen konnte – Zeit mit meiner Frau an einem Ort, der mich alle Probleme des alltäglichen Lebens vergessen ließ und dafür mit ganz neuen überraschte.

Die ersten
GEMEINSAMEN
36 KÖRBE

*A*m ersten Tag unserer Flitterwochen klingelte der Wecker bereits um halb sechs, denn so hatten wir noch ausreichend Zeit für einen schnellen Kaffee im Aufenthaltsraum. Mit gepunkteter Kaffeetasse in der Hand zog Marc bereits um Viertel vor sieben hochmotiviert seine Gummistiefel an und stapfte mit dem kaputten Besen in Richtung Gehege, während ich zur Fütterung ging. Auf halbem Weg drehte ich mich noch mal um und lächelte, als ich meinen frischgebackenen Mann in seiner bunten Badehose, dem dunkelgrünen Bundeswehrshirt, seinen schwarzen Gummistiefeln und den gelben Handschuhen das Waschwasser auffüllen sah. Wir sahen aus, als wären wir auf dem Weg zu einer Bad-Taste-Party, aber genauso sollte es hier sein. Alles andere würde auch keinen Sinn machen, da man durch die Arbeiten andauernd schmutzig wurde oder irgendwo hängen blieb.

»Ich liebe es«, sagte ich schmunzelnd, atmete tief ein, und mein ganzer Körper kribbelte. Dann hüpfte ich pfeifend zur

Futterstation und begann, die Körbe für die Morgenfütterung aufzustellen – 36 an der Zahl.

»Du bist aber früh dran«, sagte Lily, als sie um kurz vor sieben kam.

»Sind am ersten Tag nicht immer alle übermotiviert?«, erwiderte ich fröhlich.

Sie schaute mich skeptisch an, denn wie ich aus Erfahrung wusste, ging man die neuen Helfer am ersten Tag meistens suchen. Oftmals verschliefen sie, fanden die richtige Station nicht oder trödelten rum, um sich vor der Arbeit zu drücken. Aber da ich nicht zum ersten Mal in Südafrika war, traf nichts davon auf mich zu.

Gemeinsam gingen wir zum Kühlhaus und trugen die Gitterkästen mit Obst und Gemüse nach draußen.

»Was brauchen wir heute?«, fragte ich Lily.

»Salatköpfe aus dem Lagerraum. Und ansonsten rote Beete, Paprika, Aubergine und *pap* aus dem Kühlhaus.«

»Ich hasse *pap*«, sagte ich wehleidig.

»Wir alle hassen *pap!*«

Pap ist übrigens ein Brei aus Maismehl, der sehr nahrhaft ist, aber unwahrscheinlich klebt. Die Affen lieben das Zeug! Ganz zum Leidwesen von uns Helfern, die die Überreste nur mit Mühe und Not aus den Körben, Gehegen und Kochtöpfen geschrubbt bekommen. Und als wäre das nicht schon lästig genug, lieben Wespen den Geruch von *pap*, sodass sich immer ein ganzer Schwarm um den Topf tummelt und man aufpassen muss, dass man nicht gestochen wird.

»Gut, dann schneide ich Auberginen«, meldete ich mich freiwillig, um nicht fürs *pap* eingeteilt zu werden, bevor die anderen überhaupt an der Futterstation waren. Da ich Auberginen-

Macheten-Königin war, hatte das auch nur Vorteile für unser Team. Kein Mensch konnte so schnell wie ich Auberginen schneiden. Das hatte ich bereits mit mehreren Awards in den vergangenen Jahren unter Beweis gestellt. Auf der Farm bekam man jeden Sonntag eine Auszeichnung für seine besonderen Leistungen, und ich wurde bereits besonders oft als Affenmama, für meine Kletterkünste, das Putzen des Aufenthaltsraumes oder meine Schneidkünste ausgezeichnet. ›Was für eine Auszeichnung Marc wohl bekommen würde?‹, ging es mir durch den Kopf. Ich überlegte, ob ich ihm einen witzigen oder süßen Award schenken würde, und kam mit teuflischem Grinsen zu dem Schluss, dass es gut war, dass die Teamleiter die Awards verteilten und nicht ich. So blieb es nicht nur spannend, sondern vermutlich auch weniger frech.

»Geht klar«, unterbrach Lily meine Gedanken, da sie um meine Fähigkeiten wusste. Bevor ich mir eine Machete schnappte, füllte ich jedoch noch mal meine Wasserflasche in der Küche auf und beobachtete Marc, wie er fleißig die Zäune von außen schrubbte. Noel, einer der Teamleiter, sah, dass ich meinen Mann beobachtete, und stupste mich mit dem Ellenbogen an.

»Für heute habe ich ihm den besten Job gegeben.«

»Sehr großzügig, aber du hättest ihn ruhig hart rannehmen können«, meinte ich spöttisch. Tatsächlich ist das Reinigen der Außenzäune die beste Aufgabe, wenn man die Gehege säubert, da man dabei nicht auf allen vieren den Boden und die Wände von Kot befreite oder die Kletterstangen schrubbte, wobei einem in aller Regelmäßigkeit das schmutzige Wasser in Haare, Gesicht und Schuhe tropft.

»Und so was hat er geheiratet«, sagte Noel lachend und ging zurück zum Gehege, und auch ich machte mich nun bereit für die

Auberginen. Zuerst nahm ich mir meine Lieblingsmachete aus dem Kühlschrank. Die Macheten lagerten dort, weil der Kühlschrank verschließbar war und vor allem Werkzeuge ansonsten schnell gestohlen werden. Danach platzierte ich einen Korb mit Auberginen auf dem Baumstamm neben mir, der als Beistelltisch diente. Dann schnitt ich im Affentempo das lila Gemüse und füllte so einen der 36 Körbe nach dem anderen. Komischerweise versuchte die Frau neben mir, die Auberginen zu hacken, obwohl ich ihr bereits dreimal gezeigt hatte, dass man das Gemüse aufgrund seiner glatten Schale besser schneidet. Aber das war ihr egal. Immer wieder hackte sie drauflos, und es war mehr Glück als Verstand, dass sie dabei nicht zu Schaden kam, weshalb ich ihr anbot, ihre Auberginen auch noch zu schneiden, damit sie mit dem Salat beginnen konnte. Den konnte sie nämlich mit roher Gewalt zerhacken.

Nach gut eineinhalb Stunden war das Futter für das Paviangehege, das Marc gemeinsam mit Noel putzte, fertig, und ich brachte den Jungs die Körbe.

»Essen!«, rief ich, und die Paviane begannen aufgeregt zu giggeln. Giggeln ist ein kicherndes Geräusch, welches die Paviane machen, wenn sie sich freuen oder aufgeregt sind. *Lipsmacken,* ein weiteres Paviangeräusch, dient der direkten Interaktion miteinander. Es ist ein schnelles Schnalzen mit der Zunge, bei dem man die Augen öffnet und die Brauen seitlich nach hinten zieht. Wenn ein Pavian einen *lipsmackt,* erwidert man das und kann sich dann auch gegenseitig lausen.

Nachdem ich die Futterkörbe abgestellt hatte, ließ ich mich noch mal von den Affen begrüßen. Penny *lipsmackte* mich freudig und ich tat es ihr gleich, bevor es zurück zur Fütterungsstation ging. Ich war noch nicht angekommen, da kreischten alle Paviane wie wild los. Dieses Kreischen, eine weitere Form der Interaktion, war der Ruf nach dem Rückhalt der Truppe, und wurde er erwidert, rief die Truppe zurück und hielt zusammen. Ein heller, hoher, aber sehr kraftvoller Schrei, der mir in diesem Moment signalisierte, dass die Affen sich gegen jemanden zur Wehr setzten. Ich drehte mich um und erschrak, als ich sah, dass es Marc war, der mit dem Essen im Gehege stand und gemobbt wurde. Ein Mob bedeutet daher, dass ein Affe sich bedroht fühlt oder einen Helfer provozieren will, was dazu führen kann, dass die anderen Affen dann den Helfer zu dominieren versuchen, was bei sechzehn halbstarken Affen keine schöne Erfahrung ist. Zwar hatten die meisten, noch bevor sie richtig losgelegt hatten, zu viel Angst vor Marc, um weiterzumachen. Aber dennoch war das kein gutes Omen für den Start in unser gemeinsames Affenleben. Ich schnaubte, rieb mein Gesicht und zog mein erstes Fazit. Die Bilanz unserer Flitterwochen nach zwei Tagen lautete: einmal überfallen, einmal beklaut, einmal gemobbt. Ab jetzt konnte es nur noch besser werden.

Um die Situation aber nicht schlimmer zu machen, ging ich zurück zur *food prep*. Marc war nicht verletzt, und wenn nun noch weitere Helfer zum Gehege rennen würden, würde das die Affen nur aufscheuchen. So wie ich Marc kannte, würde er sowieso lieber in Ruhe darüber sprechen wollen, sollte ihn der Vorfall verunsichert haben. Beim Frühstück wäre dafür mehr Raum, weshalb ich meinen Mann abpasste, als er sich gerade einen Kaffee nahm, und mich erkundigte, wie es ihm ging.

»Alles gut, Schatz?«, fragte ich besorgt und schnaubte mitfühlend.

»Ein bisschen erschrocken habe ich mich schon, und ein garstiger Affe namens Abigail hat mich blutig gebissen«, sagte Marc gespielt wütend und mit zusammengezogenen Brauen.

Auch ich zog die Brauen zusammen und streichelte seinen Arm. Jedoch eher mitleidig, obgleich es mich sehr erleichterte, dass er über den Vorfall witzelte.

»Das passiert oft am Anfang. Die Affen schauen, ob sie dich dominieren können. Das nächste Mal musst du Abigail packen und sie beißen, sonst wird sie das vermutlich immer wieder tun. Aber keine Sorge, ich bin dann dein Back-up und beiße jeden Affen, der Abigail zu Hilfe eilen will. Wäre doch gelacht, wenn wir nicht die Alphas wären.«

»Abgemacht. Alpha-Affeneltern«, nickte Marc und gab mir ein High Five.

Mit diesem Schlachtplan in der Tasche setzten wir uns jeder mit einer Schlüssel Porridge an den Tisch und grinsten die nächsten Minuten vor uns hin.

Beim Essen unterhielt Marc sich mit Noel, dem Teamleiter, der am Morgen das Paviangehege mit ihm gereinigt hatte, während ich die anderen Gesichter nach und nach kennenlernte. Genau das liebte ich an Orten wie diesen. Man war immer in guter Gesellschaft.

Um 9:20 Uhr hatten wir unsere Schüsseln bereits geleert, und da Marc übereifrig war, gingen wir direkt zur Futterstation. Da wir beide sowieso ab zehn Uhr fürs Aufräumen eingeteilt waren, konnten wir so schon mal ein wenig vorlegen und hatten gleichzeitig noch ein wenig Ruhe, um uns auszutauschen.

»Und wie gefällt es dir bis jetzt?«, fragte ich meinen Cowboy in Gummistiefeln.

»Gut«, antwortete er. »Um ehrlich zu sein, hätte ich es mir schlimmer vorgestellt! Also das Putzen meine ich. Aber da man immer im Team arbeitet und sich dabei gut unterhalten kann, geht die Zeit sehr schnell vorbei. Ich glaube, heute ist sowieso alles aufregend für mich. Es ist ja alles neu.«

»Freust du dich auf irgendwas besonders?«, fragte ich, während ich bereits anfing, die 36 Futterkörbe abzuwaschen.

»Ich hoffe, dass Tyga wieder zu mir kommt, wenn wir nachher im Gehege sind.«

»Aha, so schnell ist man abgeschrieben«, neckte ich Marc, der mich dafür mit dem schmutzigen Spülwasser anspritzte.

»Du hast mich zuerst abgeschrieben«, verteidigte er sich.

»Na warte«, lachte ich los und rannte Marc mit einem Eimer Wasser hinterher. Allerdings war er ein gutes Stück schneller, und als ihm endlich die Puste ausging, hatte ich bereits den halben Eimer verschüttet.

»Frieden?«, keuchte Marc, und ich nickte.

Wir einigten uns darauf, dass ich gewonnen hatte, und widmeten uns dann wieder den schmutzigen Körben. Als der Rest unseres Teams um zehn Uhr zur Station kam, waren wir bereits so gut wie fertig. Im wahrsten Sinne des Wortes, denn das Kriegsbeil, was wir eigentlich begraben hatten, wollte einfach nicht unter der Erde bleiben. Und so war der Morgen gefüllt mit Wasserschlachten und Versöhnungsküssen.

Marc

Okay, alles hatte ich doch nicht daheim zurücklassen können, wie etwa meine Probleme mit dem frühen Aufstehen, der Schichtdienst hatte meine innere biologische Uhr zerstört. Aber da es Kaffee gab, war auch das nur halb so schlimm! Mit dem schwarzen Gold war es mir möglich, motiviert in den Tag zu starten. Da war es auch kein Beinbruch, dass es sich nur um Pulverkaffee handelte, den ich in den kommenden Jahren sogar lieben lernte, da ich ihn fest mit Südafrika verbinde und nur dort trinke. An meiner Arbeitsstation merkte ich schnell, dass es die anderen scheinbar nicht so sehr mit Pünktlichkeit hatten, wie ich es gewohnt bin. Also begann ich alleine schon einmal mit den Vorbereitungen, füllte zum Beispiel die Putzeimer auf und stellte das Arbeitsmaterial, wie Besen, Rächen, Wasserschläuche und Schubkarren, bereit. Nach und nach trafen die anderen Helfer verschlafen ein und waren sichtlich erleichtert, dass ihnen wenigstens ein Teil der Arbeit erspart blieb, denn sie waren vom gestrigen Abend, der bei ihnen etwas länger als bei mir ging, schwer verkatert.

Nachdem ich für das Säubern der Zäune eingeteilt wurde, wollte ich mich direkt in die Arbeit stürzen, als Noel mich in meinem Elan stoppte: »Ich muss dir zunächst die genauen Abläufe erklären, Gus kann sehr kleinlich sein, und ich möchte nicht wieder Ziel seiner Launen werden.« Die darauffolgende Anleitung stand einer deutschen Beamten-Handlungsanweisung in nichts nach, und es konnte endlich losgehen. Da jeder Schritt bis ins kleinste Detail vorgegeben war, fiel mir das Einarbeiten deutlich leichter als das Erlernen des Umgangs mit den Tieren. Die Zeit verflog nur so. Als Neuer gebührte mir die Ehre, den Affen das Frühstück zu servieren. Dabei wird das Futter, welches in Körben herangebracht wird, eigentlich nur auf dem Boden verteilt, natürlich Gus' Handlungsanweisung befolgend: Futter muss 30 Zentimeter von den Wänden entfernt bleiben und darf nicht unterhalb von Kletterstangen liegen, damit die Affen nicht in ihr eigenes Essen machen. ›Das sollte machbar sein‹, dachte ich mir, und stapfte unbedarft mit dem Korb in den Händen durch den Käfig. ›Wäre ich an diesem Morgen mal besser geschlichen‹, dachte ich mir im Nachhinein, denn ein kleiner Babyaffe erschreckte sich beinahe zu Tode, als er sah, wer ihm an diesem Morgen die Papayas servierte, und schrie los, damit die anderen ihn beschützten.

Das nahmen die anderen Affen zum Anlass, die Gruppenhierarchie unter Beweis zu stellen und mich zu mobben. Allen voran ein großes Weibchen namens Abigail. Sie schnappte blitzschnell zweimal in meine Wade, ehe ich überhaupt verstand, was da vor sich ging. Als dann jedoch einige weitere Affen ihrem Beispiel folgen wollten, dachte ich an die Worte von Michi: »Mach dich groß, brülle mit tiefer Stimme, und falls möglich, beiße zurück.« Energiegeladen richtete ich mich auf und schrie einmal mit tiefer Stimme, woraufhin alle Affen die Flucht ergriffen! Und auch ich machte mich nun mal lieber auf und davon.

Baboons
UND BANANEN

Um elf Uhr ließen wir alles stehen und liegen, um uns für den *baboon walk* fertig zu machen. Beim *baboon walk* werden die jungen Paviane aus dem Gehege gelassen, um ihre natürliche Umgebung zu erkunden, klettern zu lernen und sich an natürliche Nahrungsmittel wie Gras, Sprossen, Blätter oder Insekten zu gewöhnen. Dementsprechend ist der *baboon walk* ein wichtiger Teil der Auswilderung. Aber nicht nur das. Er dient auch als *enrichment*. Zuerst werden also alle Paviane frei gelassen, und diese laufen vorbei an den anderen Gehegen, in denen die bereits entwöhnten Paviane leben, entlang eines kurzen Waldstückes mit sandigem Boden zum Fluss, wo sie in Bäumen klettern oder im Wasser spielen können. Die Helfer setzen sich dann hin und können die Tiere ganz natürlich beobachten. Manchmal wählen die Affen für den Weg zum Fluss aber auch das Buschtaxi: uns Helfende.

»Nervös?«, fragte ich Marc mit einem Grinsen.

»Ein bisschen«, erwiderte er.

Gemeinsam mit allen anderen Helfern versammelten wir uns vor dem Gehege, und Jasmin fragte mich, ob ich den Neulingen gerne erklären würde, wie man sich beim *baboon walk* verhalten sollte. Mit »Neulingen« meinte sie eigentlich nur Marc, und ich kam mir ein wenig doof vor, meinen Mann zu belehren. Andererseits tat ihm als Polizist der Rollentausch ganz gut, weshalb ich ihn vorbildlich einwies.

»Für den *baboon walk* versammeln wir uns immer um elf Uhr vor dem Gehege. Jeder Helfer nimmt sich dann drüben eines der Poo-Shirts, die wir uns überziehen, damit Kot und alle anderen Dinge nicht auf unseren eigentlichen Klamotten landen, sondern auf alten T-Shirts, die man danach in die Wäsche werfen kann. Danach stellen wir uns hier unter die Bäume und warten. Sobald die Paviane rausgelassen werden, gehen wir langsam und als geschlossene Gruppe zum Fluss, denn dort können die Affen nicht nur klettern, sondern auch schwimmen lernen. Wenn wir an den Gehegen der großen, bereits entwöhnten Affen vorbeigehen, müssen wir ausreichend Abstand halten, damit unsere kleinen Affen nicht versuchen, in deren Gehege zu klettern. Denn die Zäune sind elektrisch. Geh bitte ganz normal, als würdest du spazieren, dreh dich nicht um und bleib auch nicht stehen. Wenn ein Affe an dir hochspringt, ist das okay, und du kannst ihn streicheln. Versuch aber nicht, die Affen zu fangen oder hochzuheben, da das zu einem Mob führen könnte, denn wenn ein Tier sich bedroht fühlt, wird die ganze Truppe es verteidigen. Aber das hast du ja schon gemerkt«, sagte ich etwas besorgt, doch Marc nickte grinsend, sodass auch ich beruhigter war.

»Ansonsten gelten dieselben Regeln wie im Gehege. Zudem solltest du bitte Flip-Flops, Handys, Brillen und alles, was man sonst noch so klauen kann, im Aufenthaltsraum lassen, denn was die Affen kriegen können, werden sie sich auch holen. So wie ich«, scherzte ich. »Noch Fragen?«

Marc schüttelte den Kopf, und dann ging Jasmin in den Intro-Bereich des Geheges, um die Affen zu beruhigen und dann die erste Gehegetür zu öffnen. Sind alle Affen im Vorkäfig, wird die zweite Tür geöffnet. Denn ein Affengehege ist immer doppelt abgeriegelt, damit die Frechdachse nicht so leicht ausbüxen können.

Als Jasmin durch die erste Tür ging, begannen die Paviane bereits aufgeregt zu giggeln. Wie wild hüpften sie von Kletterstange zu Kletterstange. Die Vorfreude auf den *walk* stand ihnen ins Gesicht geschrieben. Affen sind Gewohnheitstiere, die feste Routinen benötigen. So ist es wichtig, dass die Tiere jeden Tag zur gleichen Zeit gefüttert werden, dass sie täglich in der Natur toben können und auch, dass wir sie täglich im Gehege besuchen.

»Bereit?«, sicherte Jasmin sich nochmals ab, und als wir alle bejahten, öffnete sie die zweite Tür. Binnen Sekunden drängten sich alle Affen durch die beiden Türen hinaus und liefen freudig an uns vorbei. Mein Herz begann wild zu hüpfen, als mir die kleinen Affen kichernd durch die Beine rannten. Höre ich giggelnde Paviane, ist das ein Glücksgeräusch für mich. Es löst in mir sofort das Gefühl von Liebe und Freude aus, Schmetterlinge flattern dann durch meinen Bauch, und als wäre es das Leichteste auf der Welt, werde ich vollkommen präsent und geerdet.

Während wir den staubigen Pfad zum Fluss entlanggingen, galt meine ganze Aufmerksamkeit den Affen, denn ich wollte die Paviane, die ich noch nicht kannte, so schnell wie möglich kennenlernen, um sie unterscheiden zu können. Zum einen baut man, wenn man ihre Namen kennt, eine viel engere Bindung zu den Tieren auf. Zum anderen lernt man so schneller, bei welchem Tier man besser vorsichtig sein sollte. Jede Affentruppe ist wie eine richtige Familie oder auch Schulklasse. Es gibt den Macho, der gerne dominiert und andere zu unterwerfen versucht. In unserem Fall Hamish. Der Macho hat immer einen Handlanger: Link. Was mir tatsächlich ein wenig gegen den Strich ging, da ich meinen kleinen Mann eigentlich besser hatte erziehen wollen. Aber nun ja, man soll seinen Kindern ja Raum zur Entfaltung lassen. Dann gab es noch das fürsorgliche Mädchen, was alle umhegt und sehr mütterlich wirkt: Penny. Die zickige Diva: Abigail. Den Unscheinbaren: Tyga. Den Klassenclown: Chris. Den Krawalltypen: Miles. Den kleinen Trottel: Tank. Die Außenseiterin: Jane. Die kleine Verschmuste: Lila. Und zu guter Letzt das Baby: Rosie. Natürlich bestand unsere Truppe noch aus viel mehr Mitgliedern, aber bevor ich dir nun alle Affen im Einzelnen vorstelle, beschränke ich mich lieber auf die Paviane, die für unsere Geschichte relevant sind.

»Jasmin, wer ist das da? Und der? Und die?«, fragte ich immer wieder, als wir am Fluss ankamen, uns hinsetzten und die Tiere in Ruhe beobachteten. Am Fluss gab es jedoch nicht nur die Bäume, sondern ein paar Überbleibsel der alten Besitzer: betonierte halb zerfallene Tische, einen Pool, der mit Laub und etwas Regenwasser gefüllt war, und ein kleines Häuschen, was wohl früher eine Toilette gewesen sein mag.

Immer wieder erkundigte ich mich bei Jasmin nach Gesichtern, die ich noch nicht zuordnen konnte, bis ich am Ende des *walk* tatsächlich alle Affen voneinander unterscheiden konnte. Fairerweise muss ich dazusagen, dass ich die Hälfte noch aus dem Vorjahr kannte, was es mir erleichterte, mir bekannte Gesichter einzuprägen. Doch selbst meine ehemaligen Ziehkinder hatten sich in einem Jahr so verändert, dass sie bedeutend anders aussahen.

»Ich glaube, ich kann sie alle unterscheiden«, sagte ich stolz und scannte noch mal alle Affen. Dann nickte ich Jasmin selbstbewusst zu, damit sie mich abfragen konnte.

»Wer ist das?«, fragte sie und deutete auf das größte Mädchen der Truppe.

»Abigail. Sie hat Marc gemobbt, deswegen erinnere ich mich an sie besonders gut.«

»Und das?«, fragte sie und deutete auf den Affen, der gerade im Sand am Buddeln war.

»Tank. Das hat er schon als Baby gerne gemacht.«

»Und das da?« Sie deutete auf das größte, leicht golden gefärbte Männchen.

»Das ist dein Traummann Hamish«, meinte ich grinsend, denn Jasmin kannte Hamish seit dem Tag seiner Ankunft und war total vernarrt in das mittlerweile ganz schön freche Pavianmännchen.

»Du kennst sie tatsächlich alle!«, sagte sie erstaunt.

»*Yes, yes, yes!*«, rief ich erfreut.

Marc saß während des *walk* auf einem alten Tisch, der neben dem Pool stand, und beobachtete die Affen, die immer wieder über seinem Kopf durch die Bäume sprangen. An diesem Tag kamen sie aber gar nicht zu ihm, was man aber nicht auf den Mob zurückführen konnte. Denn auch mit den anderen Helfern interagierten die Affen kaum, sondern beschäftigten sich viel mit sich selbst, was ein gutes Zeichen war, denn die Paviane würden in der nächsten Stufe von uns Menschen entwöhnt werden. Diese Paviane waren abgesehen von Rosie in der zweiten Stufe der Auswilderung, wo sie noch täglich Kontakt haben, aber nicht mehr rund um die Uhr betreut werden, wie Rosie, die gerade Stufe 1 war. In Stufe 3 entwöhnen wir die Tiere. Sie kommen in ein großes Gehege, wo sie uns noch täglich sehen, wir aber nicht mehr interagieren. In Stufe 4 geht es in das große, komplett naturbelassene Semi-Wild-Gehege, und dort formt sich dann die Truppe für die Auswilderung.

»Die Gruppe ist nicht so interaktiv, oder?«, fragte ich Jasmin.

»Nicht mehr. Ich bin erst vor vier Wochen wiedergekommen, und die alte Projektmanagerin kannte keinen der Affen beim Namen, weshalb auch die Helfer keinen richtigen Bezug zu den Tieren aufbauen konnten.«

»Wie schade!«, sagte ich. Für mich war die Essenz und das Schönste all meiner Aufenthalte der persönliche Kontakt zu den Tieren; zu beobachten, wie sich aus jedem kleinen Knirps eine ganz eigene Persönlichkeit entwickelte. Ohne all das, die Liebe zu den Tieren, würde das Auberginenschneiden am Morgen oder das Körbeputzen am späten Vormittag nur halb so viel Freude machen.

Als wir uns auf den Rückweg zum Gehege machten, streunerten die Paviane wieder wild und frei an uns vorbei.

»Es kam niemand zu mir«, sagte Marc traurig. »Nicht einmal Tyga.«

»Du hättest Tyga doch gar nicht erkannt!«, erwiderte ich.

»Doch, am Kuschelverhalten!«, protestierte Marc.

Ich lachte.

»Keine Sorge, sie müssen sich erst einmal an uns gewöhnen, und außerdem ist es gut, wenn sie schon sehr eigenständig durch die Bäume toben.«

Den Rest des Rückweges schwiegen wir und beobachteten, wie die Affen herumtollten, kletterten und sich über jeden Käfer freuten, den sie auf dem Weg fanden. Einer der Gründe, warum ich die Arbeit mit den Tieren so schätze, ist das Leben im Moment. Das Zufriedensein mit dem, was ist. Die Offenheit für das, was als Nächstes passiert. Das Annehmen von allem, was kommt. Die Tiere leben einfach ihr Leben, verschwenden ihre Zeit nicht in Gedankenspiralen oder der Frage »Was wäre gewesen, wenn?«. Mit ihnen zu sein, war ein täglicher Reminder, einfach zu leben. So als wäre es das Natürlichste der Welt. Denn eigentlich ist es das ja auch.

Am Gehege angekommen, gingen sie alle brav hinein, ganz ohne Theater.

»Wow!«, raunte ich Jasmin beeindruckt zu.

»Nicht so frech wie deine Kiwi«, entgegnete sie mir.

»Nein, so frech wie Kiwi kann niemand sein«, sagte ich und schwelgte in Erinnerungen.

Kiwi war einst eines meiner Babys und heute bereits vier Jahre alt. Damals hatte sie alle Helfer in den Wahnsinn getrieben, denn die Affendame klaute alles, was nicht niet- und nagelfest war. Zudem bekam man sie nach dem *baboon walk* nie zurück ins Gehege. Stattdessen kletterte sie immer auf die höchsten Bäume und eumelte die Helfer an, die sie zu fangen versuchten. Erst wenn man sie mit Babyflaschen oder mit glitzernden Ohrringen lockte, kam sie wie eine kleine gierige Elster. Denn genau das war ihre Schwäche und der einzige Weg, sie ins Gehege zu treiben. ›Ach, wie ich diese verrückte Affendame vermisse‹, dachte ich. Es war Zeit, ihr einen Besuch abzustatten und sie Marc vorzustellen.

Kiwi war heute in einem Semi-Wild-Gehege. Das ist ein Gehege, welches völlig naturbelassen ist und die Paviane an ihre baldige Auswilderung gewöhnt. Kiwi war bereits in einem solchen Gehege, da sie in der nächsten Auswilderungsgruppe dabei sein würde. In diesem Stadium durfte ich nicht mehr mit ihr interagieren, damit sie sich von mir abnabelte. Also kein Eumeln, Popo-Hinhalten – ein Zeichen für Freundschaft und Vertrauen – und Kichern. Dennoch ging mein Blick immer wieder zum Gehege, wo sie und all meine anderen Schützlinge waren, und schielte jedes Mal rüber, wenn sie wieder auf die höchsten Bäume kletterte, um mir ihren Popo zu zeigen und wie wild zu giggeln.

»Mittagspause!«, rief Marc und unterbrach damit meine verliebten Gedanken an Kiwi. »Ich sterbe vor Hunger!«, fügte er hinzu.

»Dann auf, auf!« Ich klatschte in die Hände und hopste los.

Meine freie Stunde verbrachte ich lieber im Affengehege als im Aufenthaltsraum, denn eines der Babys musste noch rund um die Uhr betreut werden. Als geübte Affenmama war das für mich ein Traumjob, und so verabschiedete ich meinen Mann, der sich nun Instantnudeln aufkochen würde, mit einem Kuss und begrüßte dann das kleinste Äffchen von allen: Rosie. Ihr Gesicht war noch ganz rosig und ihr Fell so weich wie das eines Teddybären. Frech biss sie mir permanent in die Nase und kletterte den Hocker hinauf, der eigentlich für mich gedacht war. Ich breitete die Arme aus und riss die Augen und den Mund weit auf, was dem *play face* eines Affen entspricht, und gab ihr damit zu verstehen, dass ich mit ihr toben wollte. Der kleine Schützling tat es mir gleich, riss die Augen und den Mund weit auf und sprang dann in meine Arme. Ich lachte, und auch Rosie begann zu kichern. Jetzt, wo das kleine Mädchen in meinen Armen lag, streichelte ich ihr Köpfchen, damit sie endlich müde werden würde, denn eigentlich war nun Schlafenszeit. Doch ihr war gar nicht nach einem Nickerchen zumute.

»Eigentlich sollst du jetzt schlafen«, mahnte ich Rosie, die sich aus meinen Armen befreite und dann wie wild durch den Käfig hopste. Immer wieder purzelte sie rückwärts übers Gras, zog an meinen Schnürsenkeln und hatte auch sonst nur Flausen im Kopf.

»Du kleiner Frechdachs.« Ich musste grinsen, und Rosie biss mir erneut in die Nase.

»Meinst du etwa dich?«, fragte Marc, der gerade mit einer Schüssel Nudeln aus dem Aufenthaltsraum gekommen war und beobachtet hatte, wie ich mit der Kleinen spielte.

»Nein, natürlich dich!«

Er lächelte mich nur an. »Es ist so schön, dich so glücklich zu sehen«, sagte er leise und schaute mir in die Augen. »Ich habe dich noch nie so glücklich gesehen, Michi. Ich habe dich noch nie so strahlen sehen. Noch nie hast du so viel gelacht. Du hast mir so oft von all dem hier erzählt, und ich habe es mir immer so gut es ging vorgestellt und dachte, dass ich ein ziemlich genaues Bild von dir und den Affen hätte. Aber ich hatte keine Ahnung. Ich hatte keine Ahnung, wie wunderschön es hier ist, und ich hatte keine Ahnung, wie wunderschön du bist. Du in deinen schmutzigen Shorts und löchrigen Shirts, mit Gras im Haar und Dreck im Gesicht.«

Langsam steckte Marc seinen Finger durch das Gitter, und auch wenn ich ihn greifen wollte, auch wenn ich Marc am liebsten durchs Gitter ins Gehege gezogen hätte, um ihn in den Arm zu nehmen, so war Rosie, der kleine Wicht, schneller und kaute auf Marcs Fingerkuppe herum.

»Ich wollte dir nur sagen, dass ich dich liebe. Doch wie sehr, wurde mir erst bewusst, als ich sah, mit wie viel Liebe, Güte und Hingabe du hier bist. Du strahlst so sehr, und das berührt mich in jeder Faser meines Körpers.«

Ich war bewegt, und die Freudentränen stiegen mir in die Augen.

»Du weißt einfach nicht, wie glücklich es mich macht, all das mit dir zu teilen. Ich weiß, dass es ein Scheißstart war ...«

Ich musste schlucken, doch Marc schüttelte nur den Kopf.

»Alles verdrängt«, zwinkerte er.

»Ich wünschte, wir würden hier leben«, flüsterte ich, und erneut hatte ich Tränen in den Augen.

»Eines Tages vielleicht.« Marc berührte meinen Arm durch das Gitter, doch ich schüttelte den Kopf.

»Eines Tages bestimmt!«, sagte ich entschieden.

Für einen Moment schauten wir einander in die Augen, und dann setze Marc sich doch noch zu mir. Ich lehnte den Kopf an seine Schulter, und in mir kam die Sehnsucht auf, für immer hier zu bleiben. Hier zwischen *baboons* und Bananen.

Marc

Nachdem ich so langsam begann, einen Durchblick über den verworrenen Dienstplan zu bekommen, erkannte ich, dass der Tag in viele kleinere Arbeitsschichten eingeteilt war. Die persönlich zugeteilten Sonderaufgaben, wie zum Beispiel die Betreuung eines bestimmten Babys, ließ ich zunächst einmal außen vor und dachte mir: ›Damit befasse ich mich dann, wenn es so weit ist.‹ Nun war es so, dass es neben den körperlich wirklich anstrengenden Tätigkeiten, wie Putzen oder dem Ernten der farmeigenen Felder, auch Aufgaben gab, bei welchen man in unmittelbarem Kontakt mit den Affen stand. Hierzu zählten insbesondere die *vervet play time,* sprich die Spielzeit mit den kleinen Meerkatzen, sofern es welche aufzuziehen gibt, und der *baboon walk,* auf welchen ich besonders gespannt war, da die allermeisten Bilder, welche ich von

Michi mit den Affen kenne, hierbei entstanden waren. Ich wollte schließlich auch erleben, wie es ist, mit einem Affen auf dem Kopf spazieren zu gehen. Als es dann endlich losging, hatte ich weder einen Affen auf dem Kopf, noch hielten sie sich in meiner Nähe auf. Stattdessen jagten sie sich gegenseitig in einem unwahrscheinlichen Tempo über die Felder und, von Ast zu Ast schwingend, durch die Baumkronen. Gleichermaßen flink bewegten die Paviane sich am Boden und hielten nur kurz inne, um Steine, Stöcke, Wurzeln und Insekten zu erkunden.

Auch wenn sich mir kein Affe näherte, überkamen mich Gefühle von Befreiung, Lebensfreude und Verbundenheit, als ich ihnen dabei zusah, wie sie einfach das taten, wozu sie auf dieser Erde waren: Spielend das Leben genießen, und das obwohl viele von ihnen vermutlich keinen leichten Start gehabt hatten. So natürlich und frei, wie sich die Affen durch die Bäume bewegten, fiel es mir nicht schwer, mir vorzustellen, wie sie eines Tages als erwachsene Tiere in Freiheit die Natur gleichermaßen zu ihrem Spielplatz und Zuhause machen würden. Allerdings hoffte ich, wann immer ein Affe sich in meine Richtung bewegte, insgeheim darauf, dass die kleinen Paviane mir auch nur einen Hauch an Aufmerksamkeit schenkten. Jedoch bevorzugten sie es an diesem ersten Tag, ohne mich zu spielen. Michi sah mir meine Enttäuschung scheinbar an, weshalb sie sich mit mir an den Pool setzte, wo wir zusammen dem wilden Treiben um uns herum zusahen.

»In diesem schmutzigen Wasser seid ihr beim letzten Mal wirklich mit den Affen geschwommen?«, fragte ich Michi entsetzt, als ich mir den mit Regenwasser gefüllten Pool vor mir etwas genauer anschaute – wenn man das überhaupt Pool nennen konnte. Es war wohl eher ein zehn mal fünf Meter langes Becken, gefüllt mit schmutzigem braunem Wasser, Ästen und vermutlich einem Haufen Bakterien, die sich in der Plörre freudig vermehrten. Wer hat hier mitten im Wald überhaupt jemals einen Pool gebraucht und auch tatsächlich gebaut?

Michi sagte zunächst nichts und lachte nur, als ein von ebendieser Plörre komplett durchnässter Affe auf mich sprang, um seinem Verfolger zu entkommen. Das alles wäre halb so schlimm gewesen, hätte der kleine Pavian mich dafür wenigstens mit einer Kuscheleinheit entschädigt. Doch stattdessen machte er sich sogleich wieder auf und davon und ließ mich nicht nur völlig durchnässt, sondern dazu noch mit einer dicken Sandschicht bedeckt zurück.

»Jetzt weißt du, warum wir auch mit schwimmen gehen, denn viel schmutziger, als du es jetzt bist, wird man da drin auch nicht«, zog sie mich auf, als das Wasser in großen schlammigen Tropfen von mir ablief.

Wir lachten zusammen und genossen diesen Moment, in welchem die größte Sorge war, wie lange es wohl dauern würde, bis die Klamotten wieder trocken sein würden.

Ich fühlte mich an Michis Seite so frei wie die kleinen tobenden Affen auf den Bäumen um uns herum.

In diesem Moment begann Liebe mich auszufüllen und gleichermaßen zu überwältigen. Was, wenn es für immer so wäre?

Hilfe,
WIR HABEN
EIN BABY!

*W*enn ihr so weitermacht, dann haben wir ja fast Flitter-wochenflair«, neckte Noel uns, als er am kleinen Gehege vorbeischlenderte, um sein Geschirr in die Küche zu bringen.

Marc und ich zuckten nur mit den Schultern und schlossen dann wieder die Augen, gemeinsam von Abenteuern träumend. Unsere Kuschelatmosphäre hatte auch die kleine Rosie ange-steckt, die nun friedlich in meinem Schoß schlummerte. Auf dem Rücken liegend nuckelte sie am Daumen und hielt mit der anderen Hand eine meiner Locken fest, sodass ich mich kaum bewegen konnte. Zu dritt hielten wir einen kleinen Mittagsschlaf, und erst als das kleine Äffchen mich anpinkelte, wurden wir wach. Denn nicht nur ich erschrak, als es warm und nass wur-de, sondern auch Rosie selbst. Denn sie wusste offenbar nicht so recht, wo das Pipi herkam, und kreischte daher erschrocken los.

»Es kommt von dir«, sagte ich lachend zu ihr, als sie völlig schlaftrunken und panisch in meinem Gesicht hing und immer wieder meckerte, wenn ich sie absetzen wollte. »Ich weiß, dass es nass ist«, sagte ich und schaute Rosie mit großen Augen an. »Immerhin hast du mich angepinkelt«, fügte ich hinzu.

Doch meine guten Worte schienen überhaupt keine Wirkung auf sie zu haben, denn Rosie schimpfte unentwegt weiter und schrie bei jeder Bewegung.

»Müde Kinder sind die schlimmsten«, sagte ich zu Marc und rappelte mich auf. Gemeinsam gingen wir zur *food prep*, um die Truckladung Bananen zu sortieren, die in der Mittagspause angekommen war.

»Oje!«, fügte Marc hinzu und fragte dann stutzig: »Haben wir nicht heute Nacht Babydienst?«

»Oh doch!« rief ich und gab ihm einen Kuss. »Oh doch!«

Der weiße Truck hatte einen Berg Bananen an der Futterstation abgeladen. Zusammen mit ein paar anderen war es nun unsere Aufgabe, diese nach Reifegrad zu sortieren, im Anschluss zu waschen und dann zu lagern. Sehr weiche Bananen kamen ins Kühlhaus, die fast reifen Bananen ins Lager und das unreife Obst unter eine Plane.

»Wie lange brauchen wir dafür?«, fragte Marc.

»Ich würde sagen, so zwei Stunden, wenn wir uns beeilen.« Dann schnappte ich mir einen Korb, setzte mich an den Fuß des Bananenberges, schaltete Gute-Laune-Musik an und sortierte los. Hin und wieder wechselten wir die Plätze, sodass wir immer neue Gesprächspartner hatten und es nicht langweilig wurde. Zuerst redete ich mit einer Helferin aus den Niederlanden, die den Trip von einer Freundin empfohlen bekam und sich hier zwar wohlfühlte, aber auch sicher war, dass es eine einmalige Erfahrung sein würde. Danach sprach ich mit einer Medizinstudentin aus der Schweiz, die sehr schockiert war, dass ich bereits zum vierten Mal als Freiwilligenhelferin unterwegs war.

»Leider ist das hier gar nicht meine Welt, und ich werde deswegen auch schon eine Woche früher abreisen. Ich fühle mich deswegen so schlecht, weil ich ja helfen will, aber ich habe mir all das einfach anders vorgestellt«, sagte sie und schaute beschämt nach unten.

»Das ist doch vollkommen okay. Alles, was zählt, ist, dass du einige Tage geholfen hast und ehrlich warst, als es nicht gepasst hat. Damit ist es doch genauso, wie es sein soll. Fühl dich nicht schlecht. Sei stolz auf dich!«

»Danke!«, sagte sie lächelnd, und wir beide schwiegen eine Weile. »Danke«, sagte sie nach ein paar Minuten noch mal.

»Gern geschehen! Aber ich habe doch gar nichts gemacht!«

»Ja, das ist es. Du hast einfach zugehört und weder gewertet noch versucht, mich zu irgendwas zu überreden, sondern mir einfach das Gefühl gegeben, dass alles so gut ist, wie es ist«, meinte sie und atmete tief durch.

»Und genauso ist es doch auch«, bestärkte ich sie, und dann brachten wir den Korb mit den aussortierten verschimmelten Bananen auf den Trailer, ein Anhänger, auf dem das gammelige Obst gesammelt und später zum Kompost gebracht wurde. Ich summte, während wir bei 40 Grad durch die Sonne gingen. Das Gammelkörbchen, das wir trugen, roch so schrecklich, und ich schwitzte wie ein Esel in der Sauna. Eigentlich sollte ich mich ekelig fühlen, aber die schmutzigen Beine, die zerzausten Haare und die sandige Luft, die ich einatmete, weckten meinen wilden, ursprünglichen Anteil, der definitiv in Südafrika geboren worden war. Diese wilde Abenteurerin empfand genau das hier als perfektes Outfit, als perfekten Zeitpunkt und als perfekten Ort zum Tanzen. Die Lebensfreude überkam mich. Daher atmete ich tief ein und lauschte dem Wind, der immer wieder für mich summte, und nachdem wir den Korb ausgeleert hatten, begann ich zu tanzen. Die Energie, die Freude, die Liebe musste raus. Nur für zehn Sekunden. Dann hatte ich mich »abgeregt« und hopste zurück zum Bananenberg.

Nach etwas mehr als zwei Stunden war der Haufen abgetragen, und wir mussten nur noch alles aufräumen und sauber machen. Eine weitere halbe Stunde später war auch das geschafft.

»Jetzt müssen wir noch die Wäsche aufhängen, und dann ist endlich Feierabend«, freute Lily sich. Ohne dass sie mir eine Anweisung geben musste, räumte ich die Wäsche aus dem Zementmixer, den wir als Waschmaschine benutzten. Da wir so viele Helfer an diesem Nachmittag waren, musste jeder nur ein Teil aufhängen und war dann entlassen. Nach Feierabend gingen die meisten Helfer direkt zu den Hütten, um sich zu duschen und etwas ausruhen zu können, doch Marc und mich zog es ohne Umwege ins Gehege, wo Tyga, Penny, Chris und Co auf uns warteten.

Vorfreudig schnappte ich mir das größte Poo-Shirt von allen. Ein gebatiktes XXXXL-Männeroberteil, das so weit war, dass ich vermutlich dreimal reingepasst hätte. Doch das Muster gefiel mir trotz der Übergröße so gut, dass ich es nicht hergab, während Marc sich ein enges pinkes Tanktop anzog. Ich lachte laut los, als ich ihn sah, und er fragte frech: »Ist das etwa nicht meine Farbe?«

»Das kommt ganz drauf an, wen du damit beeindrucken möchtest«, spöttelte ich.

»Tyga. Nur Tyga«, sagte er wie eine Diva.

Als wir auf das Gehege zugingen, kicherten die Affen bereits freudig, und als wir ihr Areal betraten, besprang die wilde Horde uns, noch bevor wir uns hinsetzen konnten. Da wir jedoch noch Neulinge für die Affen waren, kamen die meisten nur kurz, um uns besser kennenzulernen, und huschten dann wieder davon. Mit Ausnahme von Penny, die mich ununterbrochen lauste und die ganze Zeit unter mein Shirt kletterte. Nach einer Weile kam auch ein kleines Männchen mit Elfenohren zu Marc. Obwohl ich genau wusste, dass es sich dabei um Tyga handelte, sagte ich erst einmal nichts. Als der kleine Mann sich an Marc kuschelte, fragte Marc vorsichtig: »Ist das Tyga?«

Ich nickte nur, und dann krabbelte auch der kleine Elf unter Marcs viel zu enges, pinkes Shirt und hielt einen Mittagsschlaf, wie Penny es bei mir tat. Auch Marc und ich lehnten uns nun aneinander und schlossen erschöpft die Augen. Dabei hatte der alte Fliesenboden, der Matsch in unseren Gesichtern und das nasse Heu fast Wellnessflair, sodass man für einen Moment vollkommen hätte entspannen können, wenn nicht immer wieder ein zehn Kilo schwerer Affe auf meinen Kopf geplumpst wäre, an meinen Haaren gezogen oder mich angepinkelt hätte. Zur Ruhe fand ich hier dennoch, denn vielleicht war genau das meine Definition von Entspannung: innerlich abschalten. Je lauter im Außen, desto leiser werde ich in mir, ging mir durch den Kopf, und ich lächelte zufrieden, während mir die untergehende Sonne ins Gesicht schien. Ganz in mich gekehrt schloss ich die Augen und atmete wieder tief ein. In diesem Moment war ich zum ersten Mal seit Monaten vollkommen frei von Gedanken, in Ruhe und Frieden, ganz präsent und zufrieden.

Ich bin sensibel. Sehr sensibel. Für mich ist es kaum auszuhalten, ohne Kopfhörer Zug zu fahren, weil mich die Reize und Gespräche wahnsinnig machen. Schon in der Schule habe ich manchmal lieber auf dem Klo gesessen, als mich auf einen überfüllten Hof mit tausend Schülern zu stellen. Ich fühle mich in großen Gebäuden, Städten oder Menschenmengen einfach nicht wohl, weil alles zu hektisch, zu laut, zu bunt und zu schnell ist. Ruhe fehlt mir so oft, wenn ich im Alltag bin. Zu Hause pendle ich mehrfach die Woche in eine große Stadt, wo ich studiere. Nach den Vorlesungen arbeite ich häufig noch und habe kaum freie Tage. Stress, der Verkehr und die blinkenden Werbeanzeigen – all das macht mich in Kombination mit einem völlig überfüllten Terminkalender häufig unruhig. Und ich glaube, es geht nicht nur mir so. Doch jeden Abend entfliehe ich für eine kurze Zeit. Wenn die Welt vorm Abendprogramm des Fernsehers hängt und niemand sich mehr auf den Straßen herumtreibt, wage ich mich raus – bei Wind und Wetter. Am liebsten gehe ich in den Wald, beobachte Vögel und warte auf die beiden Rehe, die mir immer wieder begegnen. Manchmal überlege ich einfach, im Wald zu schlafen, aber bisher bin ich immer wieder nach Hause gegangen, auch wenn ich weiß, dass ich danach vermutlich ein neuer Mensch wäre. Tiere, die Natur und der Himmel sind meine Ruhepunkte. Südafrika ist mein Ruhepunkt.

Ich atmete tief ein und öffnete die Augen. Langsam scannte ich meine Umgebung, beobachtete die sich um das Essen streitenden Affen. Sah zu, wie sie von Kletterstange zu Kletterstange sprangen. Erblickte Marc, der mit Tyga spielte. Harmonie.

Plötzlich zog Miles, einer der größeren Paviane, an Tygas Arm und schnappte ihn.

»Ey«, sagte Marc und wollte Tyga beschützen. Doch ich hielt seinen Arm fest.

»Das ist nicht dein Kampf! Tyga ist groß genug, und du tust ihm keinen Gefallen.«

Schweren Herzens sah Marc zu, wie Miles Tyga unterwarf, um selbst mit Marc kuscheln zu können, doch der zeigte dem Affen, der seinen Liebling vertrieben hatte, nur die kalte Schulter. Bockig über Marcs ablehnendes Verhalten boxte Miles, noch bevor Marc etwas tun konnte, meinem Mann ins Gesicht. Dann lief er eingeschnappt davon.

»Damit habe ich nicht gerechnet«, sagte Marc verdutzt, rieb sich das Auge und schüttelte den Kopf.

»Bist du mir böse, wenn ich sage: Ich schon?«, fragte ich beschämt.

»Sie sind so frech!«, meinte Marc und grinste.

»Irgendwoher muss ich das ja haben, oder?«, erwiderte ich achselzuckend.

Um kurz vor fünf verließen wir das Gehege und gingen auf unser Zimmer.

»Wir müssen ihnen gleich noch den Spendenkoffer geben«, sagte ich zu Marc und deutete auf die XXL-Reisetasche, die randvoll mit Fläschchen, Windeln, Unterlagen und Deckchen war.

»Sollen wir das jetzt machen?«, fragte er, und ich nickte. Vorfreudig hievte ich mir die viel zu schwere Tasche über die Schulter und eierte zum Büro, wo Liz noch immer am Arbeiten war.

»Liz?« Ich klopfte leise an, und als sie sich zu mir drehte, stellte ich die Tasche ab.

»Wir haben euch was mitgebracht«, sagte ich fröhlich. Es war bereits das zweite Mal, dass ich einen Koffer voll Sachspenden mitgebracht hatte, und jedes Mal fühlte ich mich wie der Affen-Weihnachtsmann, der einen Sack voller Geschenke für alle Babys mitbringt. Liz bedankte sich herzlich und nahm mich in den Arm. Sie und Gus würden die Tasche gleich zusammen öffnen, sagte sie. Ich nickte nur und hielt sie eine Weile fest.

»Danke! Vielen, vielen Dank«, sagte sie und drückte meine Hand, und mein Herz füllte sich mit so viel Freude.

Freudig, den Affen etwas Gutes getan zu haben, hüpften Marc und ich zurück aufs Zimmer, duschten uns schnell ab und gingen dann mit einem Bärenhunger zum Abendessen.

»Wann willst du Liz eigentlich fragen?«, wollte Marc wissen , als wir beim Abendessen saßen.

»Wegen meiner Organisation?« Ich schaute ihn unsicher an.

»Das ist so eine großartige Idee, Schatz! Wer kommt schon mit zweiundzwanzig Jahren auf die Idee, eine Tierschutzorganisation zu gründen. Sie wird begeistert sein! Also frag sie!«

Ich antwortete nicht. Ja, ich hatte diese Vision, aber ich hatte auch diese Riesenangst. Im Laufe der letzten Monate war mir die Idee gekommen, eine Organisation zum Schutz von Primaten zu gründen, die nachhaltige Freiwilligenarbeit vermitteln würde, und so Auffangstationen für Wildtiere aufbauen zu können. In meinem Herzen war die Idee perfekt. Aber mein Kopf sagte jedes Mal: »Aber ...« Aber bist du nicht zu jung? Aber kannst du so was überhaupt aufbauen? Aber was, wenn sie deine Idee ablehnen? Aber! Aber! Aber! Daher vermied ich seit meiner Ankunft jeden Gedanken an meinen Traum, denn er machte mir unfassbare Angst. Während des Abendessens stocherte ich nur gedankenversunken in meinem Gemüse herum und war heilfroh, als alle fertig waren und ich ein wenig frische Luft schnappen gehen konnte. Unauffällig folgte Marc mir und nahm mich draußen auf der Veranda liebevoll in den Arm.

»Wir haben ja noch fast drei Wochen«, beruhigte Marc mich. Er küsste mich auf den Kopf und drückte mich noch fester an sich. »Aber ich lasse dich nicht heimfliegen, ohne dass du es nicht wenigstens versucht hast. Sonst lässt du mich am Ende am Flughafen stehen und trampst quer durch Südafrika zurück, weil du es in letzter Sekunde bereust, nicht gefragt zu haben.«

»Könnte passieren.« Ich erwiderte Marcs Umarmung, und in diesem Moment kam Gus aus dem Haus gelaufen und drückte uns herzlich.

»Danke, Freunde. Danke!«

Dann zog er mich in den Essensraum, stellte unsere Tasche mit den Sachspenden auf den Tisch und hielt eine kleine Dankesrede, in der er uns in den höchsten Tönen lobte. Vor lauter Freude sangen wir Happy Birthday, obwohl niemand Geburtstag hatte, und alle klatschten freudig in die Hände.

Am Ende seiner Rede klopfte er jedoch laut auf den Tisch, und die Stimmung kippte, denn Jasmin hatte ihm von dem Diebstahl erzählt. Er ermahnte alle, dass wir eine Familie seien und er ein solches Verhalten nicht toleriere. Derjenige, der es genommen habe, könne das Geld bis morgen ohne Konsequenzen zurückgeben. Anonym in einer Box oder im Büro. Zwar hatten wir keine Hoffnung, dass wir unser Geld zurückbekommen würden, aber Gus gab sich alle Mühe, einschüchternd zu sein, und drohte mit sämtlichen Strafen, sollte er rausfinden, wer es war, und sollte dieser das Geld nicht freiwillig zurückgeben. Danach war die Stimmung sehr bedrückt, denn das Geld war erst hier in der Station abhandengekommen, was bedeutete, dass es einer von den anderen Helfern gewesen sein musste. Betrübt gingen wir und auch die anderen nach dem Essen direkt auf unsere Zimmer.

Als Marc und ich uns bereits bettfertig unter die Decke kuschelten, schreckten wir im selben Moment wieder hoch.

»Wir haben ein Baby!«, schrien wir auf und rannten zurück zum Haupthaus, um unser Baby abzuholen. In der Babyküche, einem kleinen Raum mit Küchenutensilien und Windeln für die Affenkinder, angekommen, schlief der kleine Affe zum Glück tief und fest. Kichernd schnappten wir uns die hölzerne Nachtbox, in der das Baby schlief, und trugen sie zum Haus. Zurück auf dem Zimmer fütterten wir die kleine Meerkatze, die die Nacht heute mit uns verbringen würde, und legten sie dann wieder schlafen, ehe auch uns nach einem langen, aufregenden Tag einfach die Augen zufielen.

Marc

Die meisten Bilder, welche es von uns mit den Affen gibt, sind entweder auf dem *baboon walk* oder in den Käfigen entstanden. Das hängt sicherlich damit zusammen, dass dies die Momente sind, bei denen man den Tieren am nächsten ist und welche zumindest ich am meisten genossen habe. Da störte es auch nicht, dass mir abgesehen von einem Shirt, welches sich meine Frau unter den Nagel riss, keines der Poo-Shirts passen wollte. Die meisten waren einfach zu eng und hatten noch dazu keineswegs meine liebsten Farben. Aber irgendwie war mir dort all das gleichgültig. Hauptsache, so schnell wie möglich das Erstbeste geschnappt und übergezogen oder, besser gesagt, reingezwängt, um so schnell wie möglich ins Gehege zu können.

Nachdem sich Tyga immer mehr auf mich zu prägen begann, entwickelte ich so etwas wie einen Beschützerinstinkt und wollte ihn, der keinen besonders hohen Rang in seiner Gruppe hatte, vor den stärkeren Affen beschützen. Hierbei musste Michi mir immer wieder Einhalt gebieten und beibringen, dass dies Tyga auf lange Sicht mehr schadet, als dass es ihm hilft, denn wenn er nicht lernt sich zu verteidigen, wird er langfristig nur mehr Rangkämpfe verlieren. Die spielerischen Neckereien sind eine Vorbereitung auf die sich später entwickelnde Hierarchie, in der Paviane leben. Das ist etwas, was ich an Michi bewundere. Sie liebt die Tiere aufrichtig, ehrlich und tiefgründig, sodass sie in jeder Sekunde nur das Beste für ihre Schützlinge im Kopf hat. Sodass sie instinktiv für das Wohl der Affen handelt. Sodass sie manchmal – und macht eurer Frau dieses Kompliment bitte niemals – mehr Affe als Mensch ist.

Und ich bin mir sicher, dass sie mit ihrer Liebe auch noch viele andere Herzen berühren und öffnen kann. Egal ob Tier oder Mensch. Aus diesem Grund bestärkte ich Michi, auf ihr Herz zu hören und allen Mut zusammenzunehmen, um mit Liz über ihre geplante Organisation zu sprechen.

»Alles wird gut werden«, redete ich ihr zu, denn ich war nicht nur davon überzeugt, dass Liz von der Idee begeistert sein würde, sondern wollte natürlich auch vermeiden, dass meine Frau am Ende doch noch hierblieb, während ich alleine aus unseren Flitterwochen zurückkehren musste.

Das Komische an meinen Worten ist, dass ich mich oftmals selbst nicht traue, etwas zu riskieren, es aber gleichzeitig schaffe, Michi den letzten Stups zu geben, um die verrücktesten Ideen wahr werden zu lassen. Das liegt vielleicht daran, dass ich von ihr wesentlich überzeugter bin als von mir selbst. Letztlich kann ich schon vorwegnehmen, dass ich nicht alleine zurückfliegen musste. Auch wenn es knapp wurde!

Wir sind
VERBUNDEN

Mitten in der Nacht begann es in der Box zu rascheln, und der kleine Fletcher, so der Name unseres Babys, schien Hunger zu bekommen. Marc, der für gewöhnlich einen leichteren Schlaf als ich hat, wurde sofort wach und wollte direkt aus dem Bett hüpfen, um sich um die kleine Meerkatze zu kümmern. Übrigens wandelte sich diese Eigenschaft im Laufe der Zeit. Je länger wir Jungtiere betreuten, desto tiefer schlief Marc vor Erschöpfung und desto leichter wurde mein Schlaf, um wachsam zu sein.

»Wir warten erst einmal, ob er wirklich Hunger hat und weint, oder ob er nur wach geworden ist und direkt wieder einschläft«, flüsterte ich.

»Okay«, sagte Marc und nieste.

Damit war das Baby wach! Fletcher begann zu quietschen und zu scharren, und ich nahm den Winzling mit einem vorwurfsvollen Blick Richtung Marc aus der Box. Für viele mag es aufregend klingen, einen Babyaffen über Nacht zu betreuen, aber die Realität ist: Es bedeutet einfach nur Schlafentzug. Dinge, die man macht, weil man die Tiere liebt. Doch ich glaube, ich spreche für alle Eltern dieser Welt, wenn ich sage: Man ist nicht böse, wenn die Kinder gut durchschlafen. Gleichermaßen kann man doch etwas genervt werden, wenn etwas oder jemand, vor allem der eigene Partner, das Baby weckt. Und für den Hauch einer Sekunde war ich das in jenem Moment auch.

Behutsam legte ich das müde Äffchen in Marcs Hand, und er gab Fletcher die Flasche. Das Meerkatzenbaby war vielleicht so groß wie eine Avocado, vermutlich aber etwas leichter. Daher war der Saugaufsatz seines Fläschchens auch nur so groß wie eine Stecknadel, und die Windeln waren Sondermaße in kleiner als 0. Fletcher war noch nicht lange in der Station, musste aber intensiv betreut werden, da er eine große Wunde am Kopf hatte, die immer wieder neu verbunden werden musste. Denn wenn Fletcher oder die anderen Babys an dieser Wunde kratzen würden, könnte sie sich entzünden, und eine Infektion würde mit großer Wahrscheinlichkeit tödlich verlaufen. Daher durfte das Affenbaby, auch wenn es ansonsten sehr fit wirkte, nicht unbeaufsichtigt mit den anderen spielen.

Glücklicherweise war Fletcher ein einfaches Nacht-Baby. Nach ein paar Schlückchen warmer Milch schlief er wieder tief und fest und ließ sich ohne Probleme in die Box legen.

»Das war ja kinderleicht«, sagte Marc stolz.

»Warte mal, bis du einen Pavian über Nacht betreuen musst«, sagte ich schmunzelnd und fügte mahnend hinzu: »Dann wird nicht geniest!«

Der Wecker klingelte wenige Stunden später in aller Früh, und Marc grummelte wie ein altes Tier, während ich jung und frisch aus dem Bett hüpfte und die Vorhänge aufzog.

»Nicht«, schimpfte er.

»Aufstehen«, sang ich. Als Kind hatte mein Vater immer ein Lied gesungen, wenn er uns weckte. Und ich hasse dieses Lied bis heute, doch an diesem Morgen konnte ich mir nicht verkneifen, es zu singen.

»Aufstehen ist schön. Aufstehen ist schön. Der schönste Tag der Welt, ist wenn der Wecker morgens schellt!«

»FERKEL!«, rief Marc empört, zog sich das Kissen über den Kopf und drehte sich um. Ja, Marc nennt mich Ferkel, weil er findet, dass ich wie ein kleines freches Schweinchen durchs Leben laufe und das Glück anziehe. Er denkt, es wäre Glück, aber ich bin mir sicher, dass man das anzieht, was man ausstrahlt.

Freudestrahlend ging ich ins Bad, putzte die Zähne, flocht mir die Haare, und als ich zurück ins Zimmer kam, war Marc bereits angezogen. Marc gehört zu den Menschen, die nach weniger als zwölf Stunden Schlaf aussehen, als hätten sie die ganze Nacht kein Auge zugemacht, weshalb alle uns fragten, ob Fletcher diese Nacht viel geschrien hätte. Umso verwunderter waren die anderen Helfer, als wir sagten, dass er nur einmal wach gewesen und auch ohne Probleme wieder eingeschlafen war.

Trotz aller Müdigkeit stand Marc überpünktlich um kurz vor sieben mit Besen in der Hand am Gehege.

»Heute mache ich *inside fences*«, sagte er stolz.

»Die Zäune von innen zu putzen, ist auch eine einfache und dankbare Aufgabe. Du musst zwar auf die Balken achten, was es ein wenig umständlicher macht als *outside fences*, aber sonst ist es das Gleiche wie von außen«, erklärte ich, bevor ich zur *food prep* ging, um bereits alle Kisten rauszustellen. Der Morgen verging schnell, denn schon am zweiten Tag kam es mir so vor, als wäre ich nie weg gewesen. Jeder Arbeitsschritt war Routine!

Um halb neun brachte ich das Futter wieder zum Paviangehege. Scheinbar waren die Jungs heute spät dran, denn Noel robbte gerade mit dem Handtuch über den Boden, um diesen zu trocknen, bevor sie das Heu verteilten, während Marc das Stroh holen ging. Zwei andere säuberten den Abfluss, und nachdem ich ihnen kurz geholfen hatte, damit die Affen pünktlich gefüttert werden konnten, ging ich zurück zu meiner eigentlichen Station. Um kurz vor neun brüllten die Paviane wieder wie wild, und als ich zum Paviangehege schaute, sagte Lily: »Nicht schon wieder Marc!«

Er wurde erneut gemobbt!

»Oh nein«, sagte ich, und zwar aus zwei Gründen. Zum einen war er wieder gebissen worden. Zum anderen hatte er wieder nicht zurückgebissen. Beim Frühstück erzählte Marc, dass ein Babyaffe sich vor ihm gefürchtet und die größeren Tiere den Kleinen dann beschützt hatten. Aber dieses Mal hatte er gleich gebrüllt und damit die meisten sofort verjagt.

»Beißen«, sagte ich. »Du musst zurückbeißen!«

»Aber sie sind immer so schnell. Bis ich realisiert habe, was passiert, und zubeißen will, sind alle weg!«, rechtfertigte er sich.

»Ich meine das ja nicht böse, Marc. Aber wenn du Abigail und Miles nicht mal zeigst, wer das Alpha ist, werden sie sich immer mehr rausnehmen. Sie versuchen, dich zu unterwerfen, und das darf nicht passieren. Wie gesagt, wenn du sie dir schnappst, dann bin ich dein Back-up. Und ich bin der beste Back-up der Welt, denn ich bin nicht nur frecher als die Affen, sondern auch schneller«, sagte ich im Brustton der Überzeugung.

»Deswegen bist du ja auch unser Alpha!«, rief Marc.

»Wer auch sonst?«, fragte ich frech, bevor ich aufstand, um mir einen weiteren Kaffee zu holen.

Nach dem Frühstück waren wir fürs *harvesting* eingeteilt. Beim *harvesting* sammelt man Blätter, Äste, Gräser und Sprossen, die die Paviane und Meerkatzen essen. Dies dient als *food enrichment,* also ernährungstechnische Bereicherung, damit die Tiere und deren Verdauungssystem an eine ausgewogene und natürliche Ernährung gewöhnt werden. Anders als ich es gewohnt war, durften wir aus Sicherheitsgründen nicht mehr auf die Bäume klettern. Mittlerweile bestand unsere Aufgabe nur noch darin, Gras zu schneiden, was ich als sehr langweilig empfand. Doch da sich ein Helfer einmal beim Klettern verletzt hatte, war es nun verboten, wie die frechen Affen die Baumkronen unsicher zu machen.

Mit sechs Schubkarren ratterten wir über den Schotter, bis wir am Fluss ankamen, wo noch reichlich Gras zu holen war. Die Atmosphäre hier unten war wunderschön beruhigend. Wilde Affen und unzählige Vögel begegneten uns, und wenn wir ganz genau hinhörten, konnten wir sogar die Flusspferde flussabwärts hören. Der Wind fegte immer wieder durch den Wald, und die Sonne leuchtete durch die Baumkronen. Hier zu arbeiten, war ein Geschenk. Selbst wenn die Arbeit langweilig war. Langeweile wurde hier zur Entspannung.

Wenn Marc und ich zu Hause sind, streunern wir am liebsten durch die heimischen Wälder, verstecken uns auf Hochsitzen tief im Wald und warten auf Rehe, Wildschweine oder Füchse, die vorbeischleichen. Und wenn uns das mal langweilig ist, dann schlüpfen wir in unsere Gummistiefel und beobachten Frösche und Fische in den unzähligen Bachläufen. Als wir uns kennenlernten, waren wir beide seit Jahren nicht mehr tief im Wald gewesen. Es war bei einem Spaziergang, als wir einfach mal vom Weg abkamen und uns inmitten von Bäumen, Sträuchern und Wildschweinspuren wiederfanden. Es war der Moment, in dem wir uns erinnerten: Die Natur ist magisch.

Noch viel magischer war, dass wir beide es liebten. Ich erinnere mich noch, dass wir einmal abends freudestrahlend nach

Hause kamen, weil wir Fledermäuse beobachtet hatten. Meine Eltern ekelten sich bei dem Gedanken, und auch unsere Freunde waren verwirrt, dass wir lieber kleine Flattertiere als Netflix schauten. Ich glaube, erst in diesem Moment wurde uns bewusst, dass wir tief miteinander verbunden sind.

Zu Weihnachten gab es dann den Froschführer mit CD, um das Quaken zu unterscheiden, und an Ostern lag das Pilzhandbuch im Körbchen. Die Natur heilt nicht nur unsere Seele und befreit unseren Kopf von Gedanken. Nein, bei Marc und mir vertieft sie auch unsere Ehe und lässt sie wachsen!

Mit einem Rums stellte Marc die Schubkarre neben einem Hügel ab, während ich bereits voller Elan das Gras schnitt und einen großen Haufen gesammelt hatte, den mein Mann direkt in unsere Schubkarre legte.

»Krass!«, sagte Noel, als er Marc mit dem Grasberg sah. »Du Maschine!«

Marc grinste nur, und als er sich neben mich stellte und auch zu schneiden begann, stupste ich ihn an: »Deine Frau ist eine Maschine!«

Nach gut einer Dreiviertelstunde waren alle Schubkarren gefüllt, und wir teilten uns auf, um die verschiedenen Gehege zu versorgen. Wir brachten unser Gras zum Main Camp, dem Gehege der größten Paviane. Auf dem Weg dahin zeigte ich Marc eine Abkürzung durch den Wald, um ihm mein Traumhaus zu präsentieren. Eine acht Quadratmeter große Hütte mit Außendusche und perfekter Aussicht auf das Gehege der Paviane.

»Wunderschön, oder?«, fragte ich Marc.

»Nun, wenn die Tür nicht eingetreten wäre, der Duschkopf nicht auf drei Uhr nachmittags hängen würde und es vielleicht ein wenig gefegt wäre, dann … vielleicht«, sagte er skeptisch.

»Ich kann sehen, dass es wunderschön wäre!«

Mit diesen Gedanken zogen wir weiter, fütterten die Affen und gönnten uns dann eine kurze Pause, in der wir die großen Paviane beobachteten. Ich glaube, dass wir beide unfassbar beeindruckt von den Tieren waren, und gerade deswegen schwiegen wir. Geerdet genossen wir einfach nur den Wind, die Stille und die spielenden *baboons* hinterm Zaun. Als die anderen zurück zur Farm gingen, rappelten auch Marc und ich uns auf. Erst jetzt redeten wir wieder, und das erste Wort, das Marc sagte, war erneut: »Danke.« Auch wenn er an zwei von zwei Tagen gemobbt worden war und hier jeden Tag rund um die Uhr mit dem heißen Wetter zu kämpfen hatte, strahlte er eine solche Ruhe und Zufriedenheit aus. Und auch mir fiel in diesem Moment kein anderes Wort ein als ein leises, ehrliches und gütevolles »Danke«.

Marc

Der jahrelange Schichtdienst als Polizeibeamter hat nicht nur meinen Schlafrhythmus gestört, sondern mich auch einfach zu allem anderen als einem begnadeten Frühaufsteher gemacht. Mit jedem Jahr verfluchte ich den Frühdienst mehr, und klingelte der Wecker vor sieben, ärgerte ich mich bereits abends vorm Einschlafen über das frühe Aufstehen. Doch auf unseren Flitterwochen kam ich nicht drum herum, über meinen Schatten zu springen. Während ich bereits nach weniger als zehn Minuten komplett angezogen und startklar auf dem Bett saß und mir ausrechnete, wie viele Minuten ich wohl hätte länger schlafen können, wenn Michi nicht all ihre Frauensachen am Morgen machen müsste, kam sie singend ins Zimmer und schenkte mir ein Lächeln, welches ich vor meinem ersten Kaffee unmöglich erwidern konnte. Zu diesem Zeitpunkt wusste ich zum Glück noch nicht, welcher Schlafentzug mir in den kommenden Wochen noch bevorstand. Nachdem die Arbeit immer einfacher von der Hand ging und wir mit etwas Hilfe das Paviangehege pünktlich gereinigt hatten, fragte Noel, wer die Affen wieder vom *transfer cage* in das Gehege lassen wollte.

Ohne eine Antwort abzuwarten, warf er mir den Schlüssel zu. Viel zu verschlafen, um mich gegen die Anweisungen zu wehren, betrat ich wieder viel zu vorsichtig und unsicher den kleinen Transferkäfig, in welchem die Affen bereits aufgeregt warteten, um das frisch geputzte Gehege zu verwüsten. Doch bevor sie damit begannen, ließen sie es sich nicht nehmen, mir noch mal ein paar Knutschflecken zu verpassen. Denn als sich ein kleiner Babyaffe vor mir erschreckte und schrie, nutzten Abigail und Miles die Gunst der Stunde, um mir noch mal liebevoll ins Bein zu schnappen.

Im Polizeitraining war ich zwar auf einige Angriffsformen und somit auch Verteidigungsstrategien vorbereitet worden. Jedoch gehörte Beißen dabei weder zum einen noch zum anderen. Die meisten Menschen pöbelten, schubsten oder schlugen – darauf war ich grundlegend eingestellt, doch als diplomatischer Mann war ich in meinem gesamten Dienst noch nie gezwungen gewesen, auch nur eine der Eingriffstechniken anzuwenden. Vielmehr fand ich durch ruhige und sachliche Gespräche regelmäßig

Zugang zu den Mitbürgern und konnte alle Situationen aus der Welt schaffen oder zumindest beruhigen, ehe ein Einsatz eskalierte. Gutes Zureden war bei Abigail jedoch scheinbar nicht die Lösung, und so bereitete ich mich mental darauf vor, dieses Mal anders zu agieren. Wie beißt man noch mal einen Affen in den Schwanz?

Ein Affe
NAMENS KIWI

*N*achdem wir alle Vormittagsarbeiten erledigt hatten, machten wir uns für den *baboon walk* fertig. Ich schlüpfte wieder in das riesige Männer-Shirt und Marc entschied sich heute für ein dezentes Beige. Da heute keine neuen Helfer angekommen waren, mussten wir niemanden einweisen und konnten direkt losgehen. Während des *walk* unterhielt ich mich mit einer Helferin aus England, als Rosie plötzlich hinter mir zu schreien begann. Ich drehte mich um, und das kleine Affenkind sprang waghalsig in meine Richtung. Quietschend krallte sie sich an meinem Arm fest.

»Dir auch Hallo«, begrüßte ich das Affenbaby, das nun zufrieden am Daumen nuckelte.

»Du scheinst Rosies neue beste Freundin zu sein«, meinte die Helferin aus England schmunzelnd.

»Wir nähern uns an«, antwortete ich stolz. Bisher hatte ich bei jedem meiner Aufenthalte ein Baby, was sich auf mich geprägt hatte. Im ersten Jahr war es der kleine Barney, der den Grundstein für meine Affenliebe legte. Danach ein heute prächtiges Männchen namens Matanda. Als Baby hatte Matanda panische

Angst vor Männern, mittlerweile schlug er sämtliche Rivalen in die Flucht. 2018 war ich die Pflegemama eines kleinen Pärchens namens Link und Penny, die inzwischen im größeren Gehege lebten. Link war ein absoluter Pflegefall gewesen und Penny ein kleiner Schreihals. So hatten alle meine Kinder bisher ganz unterschiedliche Persönlichkeiten. Über Rosies Charakter und darüber, ob sie sich auf mich prägen würde, konnte ich nichts sagen. Aber eines wusste ich: Sie hatte bereits jetzt mein Herz gestohlen.

Unten am Fluss angekommen, blieb Rosie die meiste Zeit in meinem Schoß sitzen, denn die anderen Paviane waren in den Pool gesprungen und damit zu klatschnassen Wasserratten mutiert.

Auch Tyga war im Wasser gewesen und hatte sich danach durch den Sand gewälzt. Voller Matsch kam er nun zu Marc gesprungen, um mit ihm zu kuscheln.

»Oh nein, Tyga«, sagte Marc, als der kleine Pavian seinen Schoß volltropfte und sich dann auch noch schüttelte, sodass sogar ich voll mit dem Sandschlamm war. Rosie schien das gar nicht zu gefallen, denn sie hatte mich vor Schreck nicht nur angepinkelt, sondern schimpfte auch unentwegt, sobald ein nasser Affe in ihre Nähe kam. Wenn Paviane meckern, ist es erst ein leises Grummeln, was lauter wird, je nachdem wie bockig sie werden. Wenn die Grenze jedoch überschritten ist, schreien sie los. Und als der nasse, schmutzige Tyga mit mir und Rosie kuscheln wollte, war die Grenze für Rosie definitiv überschritten. Sie kreischte so laut, dass Tyga erschrocken zurück auf Marcs Schoß hüpfte und in die andere Richtung schaute.

»Ein Mädchen, das weiß, was es nicht will«, notierte ich mir ihren Charakterzug in meinem mentalen Affenbuch. Aber dazu hatte sie auch jedes Recht. Ein kleiner Affe wie sie hatte schon eine ganze Menge durchgemacht, bis sie bei uns gelandet war. Ihr und ihren Artgenossen drohten eine Menge Gefahren: illegaler Handel, der Verkauf als *wild meat,* Unfälle, Menschen, die sie als Haustier missbrauchten, und immer der Verlust der Mutter. Die Liste der Dinge, die unseren Pflegekindern zugestoßen waren, war endlos. Und wenn sie nach all dem den Wunsch hatte, nicht von anderen Affen nass und schmutzig gemacht zu werden, fand sie in meinen Armen ein sauberes und trockenes Plätzchen.

Langsam wurde das Grummeln wieder leiser, und sie beruhigte sich, während sie skeptisch das Treiben der großen Paviane beobachtete. Entspannt lehnte ich meinen Kopf an Marc, und er legte seinen Arm um meine Hüfte. Unsere Beine baumelten über dem dreckigen Poolwasser und unsere Blicke folgten den durch die Bäume springenden Affen. Ich spürte Marcs große Hände an meiner Hüfte und Rosies kleine Hand in meiner. Ein wunderschönes Gefühl. Wenn mein Lieblingsgeräusch auf dieser Welt kichernde Paviane sind, dann ist meine liebste Berührung die, wenn kleine Affen ihre Hände in meine legen.

Hände sind für mich, neben Ohren, die beeindruckendsten Körperteile, und das nicht wegen ihres Aussehens, sondern weil man bei Affen – und auch bei Menschen – so viel daran ablesen kann. Viel zu oft hören wir nur zu, was jemand sagt, aber wenn man während eines Gesprächs auch mal auf Hände und Ohren achtet, erfährt man so viel mehr. Zum Beispiel legte die kleine Rosie in diesem Moment, als sie in mein Gesicht schaute, die Ohren etwas nach hinten, was mir zeigte, dass sie sich freute. Ich grinste das kleine Mädchen an und begann zu lachen, und sie kicherte zurück. Dabei wackelten ihre Ohren, und sie grub mit ihren kleinen Fingern nervös in meinen Bauch. Als ich sie anlächelte und sanft ihr Köpfchen streichelte, schnappte sie wieder nach meiner Nase. Ein Zeichen von Freude und zugleich noch eine typische Rosie-Eigenschaft: Nase beißen.

Nach einer Stunde rafften wir uns auf und gingen zurück zur Auffangstation. Danach war Mittagspause und für Marc und mich auch gleichzeitig Feierabend, denn einmal in der Woche hat man nachmittags frei. In unserer arbeitsfreien Zeit wollten wir Tyga und die anderen Affen besuchen, einen Spaziergang machen und dabei am Semi-Wild-Gehege vorbeigehen, damit mein Mann endlich meine Affenfreundin Kiwi kennenlernen konnte. Doch vorher kochte er sich erst einmal eine nahrhafte Portion Instantnudeln auf, während ich mit einer Banane vorliebnahm.

»Ich bin so froh, wenn wir am Donnerstag in die Stadt fahren und uns Obst und Jogurt kaufen«, sagte ich und biss in meine Banane.

»Ich auch. Dann kaufe ich mir auf jeden Fall was zu trinken und die leckeren Schokoriegel, die du mir letztes Jahr mitgebracht hast!«

»O ja, ich muss dir noch so viele gute Süßigkeiten zeigen!«, rief ich und klatschte in die Hände vor Vorfreude auf all die leckeren, wenn auch ungesunden, Dinge.

Um halb zwei gingen Marc und ich mit der kleinen Rosie ins Paviangehege. Rosie war noch zu klein, um alleine mit den größeren Affen zu spielen, denn wenn sie von einer der Stangen fallen würde, könnte sie sich schwer verletzen. Außerdem wäre es viel zu stressig, wenn Rosie sich alleine gegen die größeren Tiere zur Wehr setzen müsste, da gerade die heranwachsenden Mädchen total auf Babys fixiert sind und sich um den kleinen Affen streiten würden. Damit sich Rosie aber dennoch an die anderen

Affen gewöhnen konnte, verbrachte sie gemeinsam mit den Helfern Zeit im Paviangehege. So konnte sie toben und spielen, aber auch kuscheln, wenn ihr alles zu anstrengend wurde.

Heute entschied sie sich dafür, nur zu kuscheln, und um dabei ungestört zu sein, schlüpfte sie, bereits bevor wir das Gehege betreten hatten, unter mein Shirt. Dort verbrachte sie die vollen neunzig Minuten, die wir mit den heranwachsenden Affen verbrachten. Doch auch die anderen Affen schienen sehr müde, sodass Marc, ich und die *baboons* ein Kuschelknäuel bildeten. Auf mir schliefen Penny, Luna und Tank, während Marc mit Tyga vorliebnahm. Etwa eine Stunde in Ruhe verging, ehe ein Pavian nach dem anderen aufwachte. Da die Blase der Affen, wie auch beim Menschen, nach dem Schlafen meistens voll ist, pinkelte mich auch ein Tier nach dem anderen an.

»Sieben«, sagte ich zu Marc, als Penny, die zuletzt aufwachte, mich anpinkelte.

»Sieben?«, fragte Marc verwirrt.

»Ich wurde in der letzten Stunde siebenmal angepinkelt.«

»Erotisch!« Marc lachte.

»Ziemlich«, gab ich zurück.

»Ich glaube, das heißt, dass es Zeit ist rauszugehen. Immerhin wollten wir noch einen Spaziergang machen, Kiwi besuchen und lesen.«

Ich nickte, und wir standen auf. Tyga, der noch immer unter Marcs Shirt schlummerte, machte einen Aufstand, als Marc ihn absetzte, und klammerte sich immer wieder an sein Bein.

»Nein, Tyga wir müssen jetzt gehen«, versuchte Marc ihn zu beruhigen.

»Du musst noch einiges lernen«, sagte ich grinsend zu Marc, zog ihn raus und ließ Tyga im Gehege.

»Armer Tyga!«, sagte Marc betrübt.

»Du tust ihm und dir damit keinen Gefallen. Wenn er zu schreien beginnt, beißen die anderen ihn oder sie werden dich erneut mobben. Außerdem wird der Abschied mit jedem Knuddeln nur schwerer. Wenn du rausgehen willst, dann geh raus. Tyga wird sofort wieder mit den anderen spielen, sobald er dich nicht sieht«, erklärte ich mit einem Achselzucken und gab Marc einen besänftigenden Kuss. »Und seien wir mal ehrlich. Am Ende bist du es, der sich nicht trennen will, und nicht Tyga«, fügte ich hinzu und zwinkerte.

»Vielleicht!« Marc grinste.

In unsere Affengespräche vertieft, gingen wir aufs Zimmer, und während ich mich schnell abduschte und umzog, beschäftigte Marc Rosie, was nur mäßig gut klappte. Denn die kleine Affendame war mit ihm noch nicht so recht warm geworden. Als ich in meinem alten bunten Handtuch aus der Kindheit, welches bereits total verwaschen und damit perfekt für eine Reise wie diese geeignet war, ins Zimmer kam, um mich anzuziehen, sprang sie daher kreischend an mein Bein und blieb stur auf meinem Fuß sitzen. Das Anziehen wurde daher zu einer kleinen Herausforderung, doch nach fünf Affenkindern war ich einiges gewohnt und auch geübt darin, mich mit einer Babyaffenbelagerung umzuziehen. In meiner liebsten Latzhose und mit Rosie im Schlepptau spazierten wir zu Kiwi.

Die Sonne schien uns ins Gesicht, und wir gingen Hand in Hand den Schotterweg entlang. Mein Herz begann aufgeregt zu pochen, und auf einmal überkam mich eine unendliche Freude. Das war das perfekte Leben. Denn es war ein Leben für die Affen. Es klingt kitschig und überholt, vielleicht auch ein wenig abgedroschen, aber es stimmt: Wer Liebe hat, hat alles.

Mit jedem Meter, den wir dem Gehege von Kiwi näher kamen, erhöhte sich mein Puls, und als wir uns vor dem elektrischen Zaun niederließen und ich meine ehemaligen Affenkinder beobachtete, die mittlerweile bereits so groß wie ausgewachsene Labradore waren, wurden meine Augen nass. Ein frecher Affe namens Ron kam direkt zu uns gelaufen und kicherte wild, als er mich sah.

»Das ist Ron«, sagte ich und zeigte auf das große, golden gefärbte Männchen mit der langen Schnauze. »Er sieht so unschuldig aus, aber er ist ein kleines Arschloch!«, fügte ich trocken hinzu.

Marc sah mich entsetzt an.

»Schau nicht so! Er ist das Alpha der kleinen Truppe, und wenn da kein Zaun wäre, würde er dich jetzt beißen! Er war als Heranwachsender total verrückt nach mir und hat immer alle anderen Affen, die zu mir kommen wollten, gebissen. Mit Ausnahme von Babys«, erklärte ich Marc.

»Ein eifersüchtiger Stalker also. Dann sagen wir ihm besser nicht, dass wir verheiratet sind«, meinte mein Mann und rutschte ein paar Zentimeter von mir weg.

»Zu deiner eigenen Sicherheit nicht!«, erwiderte ich lachend und vergrößerte unseren Abstand.

Dann schweiften meine Augen wieder durch das riesige Gehege. Ich scannte einen Affen nach dem anderen, sah Tina, Dennis, Ceasar und so viele andere, die mir bekannt waren. Aber Kiwi konnte ich einfach nicht entdecken. Irgendwann bemerkte ich einen frechen Affen auf dem höchsten Baum sitzen, der mir seinen Hintern hinstreckte und dabei waghalsig auf und ab hüpfte. Ich begann zu lachen und sagte dann: »Das ist Kiwi!«

Mir blieb fast das Herz stehen, und als ich sie ansah, liefen mir einzelne Tränen über die Wange. Sie war noch genauso verrückt wie damals. Von meiner Freude überwältigt, begann ich mit Tränen in den Augen zu lachen, und auch sie begann freudig zu kichern. Ganz aufgeregt wackelten ihre Ohren, und sie kletterte den Baum hinab, um zum Zaun zu kommen. Doch leider jagte Ron sie fort, bevor sie in meiner Nähe war.

»Er ist wirklich ein Arsch!«, stellte Marc fest, und ich nickte.

»Wenn du hier sitzen bleibst, dann gehe ich mal langsam auf die andere Seite des Geheges. Vielleicht habe ich da die Möglichkeit, sie besser zu sehen«, sagte ich und löste Rosie von mir. Marc nickte und nahm den schreienden kleinen Affen entgegen. Langsam schlich ich einmal um das mehrere Hektar große Areal der Paviane. Und tatsächlich wartete meine Herzdame auf der anderen Seite. Uns blieb nicht viel Zeit, denn wenn Ron ihr freudiges Kichern hören würde, würde er direkt angerannt kommen, um sie zu verjagen.

Für wenige Augenblicke schaute ich ihr tief in die Augen. Meinem Mädchen, was auf einmal so groß geworden war. Wenn wir gekonnt hätten, hätten wir uns in den Arm genommen. Doch da war der Zaun und nicht nur das. Kiwi sollte langsam anfangen, mich zu vergessen, und das hier würde das letzte Mal sein, dass ich ihrem Rufen, ihrem verrückten Popowackeln und ihren frechen Grimassen Aufmerksamkeit schenken würde. Es war Zeit, sich zu verabschieden.

»Ich liebe dich, freche Kiwi«, sagte ich und weinte bitterlich. Natürlich würde sie jetzt nicht für immer weg sein, aber es waren meine letzten Worte, bis zu jenem Tag, an dem ich sie in die Freiheit tragen würde.

»Kiwi, Kiwi«, sagte ich noch einmal, so wie ich es immer gesungen hatte, als sie noch ein kleines Baby war, und sie begann ganz aufgeregt zu kichern; dabei waren ihre ehrlichen, liebevollen, dankbaren und unvorstellbar frechen Augen immer auf mich gerichtet.

»Ich liebe dich!«, flüsterte ich ein letztes Mal, und sie wackelte mit den Ohren. So, als hätte sie meine Worte erwidert.

Und dann lief sie von dannen, denn Ron kam, um sie zu verscheuchen. Für mehrere Minuten saß ich regungslos dort und weinte, und als ich schließlich aufstand, atmete ich tief aus. Ich war so ergriffen, zugleich erfüllt von Liebe und Trauer. Meine Hände zitterten, und in diesem Moment dachte ich: ›Wenn ich sie auswildere, bekomme ich zu hundert Prozent einen Nervenzusammenbruch, weil es mir so nahegeht.‹ Ich pustete erneut die Luft aus meiner Lunge, lehnte mich für ein paar weitere Atemzüge an den Baum und ging dann langsam zurück zu Marc und Rosie, die bereits beide sehnsüchtig auf mich warteten.

Gemeinsam machten wir noch einen kleinen Familienspaziergang. Und auch wenn Marc mir immer wieder Pflanzen und Insekten zeigte, die ihn begeisterten, war ich im Herzen gerade bei Kiwi. Ich war so leer – zerrissen zwischen Stolz, Freude und Trauer. Im Herzen wollte ich mich dagegen wehren, traurig zu sein, denn ich wusste, dass all das genau so sein sollte und richtig war. Auch dieser Schritt war Teil der Reise, die sie zurücklegte, um eines Tages in Freiheit zu leben. Genau deswegen sollte ich mich doch eigentlich nur freuen und stolz sein. Wäre es nicht richtig, jetzt rumzuhüpfen, da ich und viele andere Helfer so viele Affenleben gerettet hatten? Gerade weil ich sie doch so sehr liebte, sollte ich doch glücklich sein. Aber genau das machte es mir schwer. Liebe.

Und während ich die Sonnenstrahlen durch die Bäume beobachtete, ließ ich mich plötzlich mitten im Wald auf dem sandigen Boden nieder und starrte in den Himmel. Die Wolken zogen vorbei, und als Marc mich fragte, ob alles in Ordnung sei, schüttelte ich den Kopf.

Erst nach einer Weile kam es mir dann über die Lippen: »Ich darf traurig sein. Trauer gehört zur Liebe. Loslassen gehört zur Liebe. Und auch wenn ich jetzt noch nicht vor Freude tanzen kann und es mir vermutlich das Herz brechen wird, wenn ich Kiwi eines Tages für immer gehen lassen werde, so ist genau das ein Zeichen von wahrer Liebe. Liebe ist, dem anderen von ganzem Herzen das Beste zu wünschen und zu ermöglichen. Liebe lässt leben, sodass der andere seine Flügel ausbreiten, seine Lunge mit Luft und sein Herz mit Freude füllen kann. Liebe lässt los, in der Gewissheit, das Beste zu tun, auch wenn das eigene Herz für einen Moment weinen wird.«

Dann nahm ich Marc, mit einem schweren Herzen in der Brust, in den Arm und weinte. Ich weiß nicht, wie lange, aber ich weinte, bis mein Herz nicht mehr schmerzte. Genau das hatte ich gebraucht.

Erleichtert stand ich auf, nachdem die Tränen getrocknet waren, und begann umherzuhüpfen. Marc schaute mich fragend an, und ich sagte nur: »Na jetzt tanzen wir über unseren Erfolg! Wir werden immerhin so vielen Affen ein neues Leben schenken!«

Marc schüttelte den Kopf und lachte dann: »Manchmal bist du echt weniger gemäßigt, was deine Gefühle anbelangt, als eine Schwangere mit Drillingen. Es geht auf und ab, und das schneller, als ich mich umsehen kann.«

Ich zuckte nur mit den Achseln und sagte übermütig: »Das Leben ist zu kurz, um an etwas festzuhalten!«

Marc

Nachdem die Käfigtüre geöffnet wurde, strömten die Affen wie gewohnt zum *baboon walk* in Windeseile heraus und rannten in Richtung der Felder davon. Außer Tyga, der bevorzugte es, sich von mir hochheben und tragen zu lassen. Dabei kuschelte er sich immer ganz eng an mich, ich spürte das tiefe Vertrauen und die sanfte Ruhe, die von ihm ausging, wenn er sicher und geborgen in meinen Armen war.

Man lernte aufgrund solcher Momente schnell, was es bedeutete, wenn ein Affe sich auf einen prägt, und man beginnt alles auf diesen Affen bezogen persönlich zu nehmen. Beim Fangenspielen am Pool fiebert man mit seinem Schützling mit und bietet ihm unter seinem T-Shirt Schutz, wenn er einen anderen Affen zu sehr angegangen hat. Und so begann ich auch zu verstehen, warum Michi immer begeistert von all ihren Affenkindern der vergangenen Jahre erzählte. Immerhin ist es wie wahre Liebe, und die möchte man einfach nur mit jedem teilen!

Eine Affendame hatte in all ihren Erzählungen immer eine besondere Rolle gespielt: Kiwi. Sie würde ich an diesem Tag kennenlernen. Nach anfänglichen Schwierigkeiten erspähten wir Kiwi dann auf einem großen Baum in der Mitte des Geheges. Also besser gesagt, Michi erkannte sie, da auch hier die meisten Paviane für mich alle gleich aussahen. In diesem Moment spürte ich jedoch, wie Michis Herz sich öffnete und sie zu strahlen begann, während das mäßig große Affenweibchen auf einem viel zu dünnen Ast übermütig und kichernd auf- und absprang. Um Kiwi noch etwas näher kommen zu können, versuchten ich und Rosie Ron und die anderen großen Affen abzulenken, sodass Michi am anderen Ende des Geheges etwas Zeit hatte, um sich von ihrer großen Liebe zu verabschieden. Man konnte sich unser Treiben ein bisschen so vorstellen wie zwei Kinder, die versuchten, ihre Eltern abzulenken, damit man währenddessen etwas Verbotenes anstellen konnte. Aber wie auch Eltern erkannte Ron recht schnell, dass sich da etwas hinter seinem Rücken abspielte, und bedachte mich mit einem verächtlichen Blick, ehe er auf die andere Seite sprintete, um Kiwi wieder auf ihren Baum zu jagen.

»Ich habe mein Bestes gegeben«, entschuldigte ich mich bei Michi dafür, dass ich ihr nicht mehr Zeit ermöglichen konnte. Doch sie lächelte mich nur voller Dankbarkeit an, während ihre Augen ganz rot und verquollen von dem Abschied waren. Ich konnte mir kaum vorstellen, wie viel ihr diese Sekunden bedeutet haben mussten, aber so oft, wie sie von diesem Moment spricht und träumt, bin ich mir sicher, dass er es in ihr Glücksglas geschafft hat. Michi sammelt schöne Momente, auf kleine Zettel geschrieben in einem Glas bei uns zu Hause, und wann immer sie traurig ist, öffnet sie dieses Glas und schaut sich all die unbezahlbaren Momente ihres Lebens an: »Es erinnert mich daran, dass das Leben Liebe ist. Und Trauer, Angst, Wut, Freude, Frieden gehören zur Liebe. Alle Gefühle gehen vorüber, aber die Liebe verlässt uns nie.«

ELTERN

*W*ir spazierten noch eine Weile über das Gelände, bevor ich mir meinen Bikini anzog und mit Rosie unter die Dusche hüpfte. Der kleine Affe hatte einen Waschtag dringend nötig, denn meine Emotionen hatten sich auf sie übertragen, und deswegen hatte sie mich und sich selbst heute unfassbar oft vollgepinkelt. Wie kleine Kinder können auch Affen ihre Blase schlechter kontrollieren, wenn sie sich sehr freuen, traurig sind oder sich erschrecken.

Unter der Dusche seifte ich das kleine Affenmädchen mit Naturseife ein, und sie genoss das warme Wasser und die kleine Massage, während ihre Äuglein immer schwerer wurden. Auch für sie war es ein anstrengender Tag gewesen.

Nachdem wir beide wieder blitzsauber waren, wickelte ich erst ein Handtuch um Rosie, dann legte ich mir ein Duschtuch um. Gut eingepackt gingen wir aufs Zimmer, wo ich sie bettfertig machte. Marc hatte bereits ihre Windel geholt, die nun nur noch zurechtgeschnitten werden musste. Mit einem schlafenden Baby im Arm zeigte ich Marc, wie er die Schere ansetzen sollte, damit er an der richtigen Stelle das Loch für den kleinen Affenschwanz schnitt.

»So weit oben?«, fragte er skeptisch.

»Schatz, das ist nicht mein erstes Affenkind. Windeln kann ich mit verbundenen Augen im Schlaf zuschneiden. Vertrau mir!«

Er blickte mich zwar noch immer skeptisch an, setzte den Schnitt trotzdem an der Stelle, die ich ihm gezeigt hatte. Noch immer nicht überzeugt reichte er mir die Windel und zog die Braue hoch: »Dann bin ich mal gespannt!«

Langsam und behutsam packte ich das kleine Affenbaby aus dem Handtuch aus, und als Rosie aufwachte, begann sie wie wild zu weinen. Um sie zu beruhigen, begann ich sie sanft zu lausen, sodass sie entspannt liegen blieb und *lipsmackte*. Mit meinen Fingernägeln begann ich sie sanft zu lausen. Zwar wäre sie am liebsten direkt wieder in meine Arme gesprungen, aber mit der Streicheleinheit konnte ich sie ein wenig bestechen.

»Magst du es probieren?«, fragte ich Marc und hielt ihm die Windel wieder hin.

»Vielleicht zeigst du mir besser erst mal, wie so was geht, und ich probiere es beim nächsten Mal«, sagte Marc irritiert.

»Hast du etwa noch nie ein Baby gewickelt?«, fragte ich erstaunt.

»Wessen Baby sollte ich denn jemals gewickelt haben?«, fragte er nun noch irritierter.

»Stimmt«, gab ich ihm recht. Wenn man nicht gerade seit vier Jahren mit Affen arbeitet, hat man damit wohl weniger Erfahrung.

Zuerst cremte ich den kleinen, herzförmigen rosa Affenpopo mit ein wenig Salbe ein, und dann zog ich dem kleinen strampelnden Schreihals Rosie die Windel über. Schritt für Schritt erklärte ich Marc, worauf er achten musste, damit die Affen sich die Windel nachts nicht wegreißen oder etwas danebengehen würde. Der wichtigste Aspekt dabei war, die Windel am Rücken zu verschließen, denn da die Affen motorisch viel reifer sind als Menschenbabys, ist es für sie ein Leichtes, die Windel zu öffnen, wenn sie vorne verschlossen ist. Und dann wird die Windel gerne mal zum Spielzeug umfunktioniert und durchs Bett gezogen oder auseinandergenommen – nicht gerade das, was man sich wünscht, wenn man nachts geweckt wird. Nachdem die Windel richtig verschlossen war, zog ich noch mal behutsam am linken und rechten Bein, damit sie besser saß, und war dann zufrieden. Die Windel passte wie angegossen, was Marc sichtlich überraschte.

»Okay, vielleicht musst du mir das noch mal zeigen«, meinte er und schaute mich etwas überfordert an.

»Papperlapapp! Beim nächsten Mal bist du an der Reihe«, erwiderte ich grinsend. Während ich noch eine Runde mit Rosie kuschelte, gab Marc ihr das Fläschchen, und nach ein paar Schlucken warmer Milch schlief das Affenmädchen auch schon ein. Dennoch ließ ich sie noch ein wenig an der Flasche nuckeln, da sie so besser in den Tiefschlaf finden konnte.

»Machst du uns heute Nacht keine Probleme?«, fragte Marc und streichelte ihr über den Nasenrücken. Ich schaute ihn fragend an.

»Ich habe Noel gesagt, dass wir sie heute Nacht gerne nehmen können. Wir haben das doch letzte Nacht auch gut geschafft«, sagte er selbstbewusst.

»Aha«, erwiderte ich nur.

»Ich finde, wir sind gute Affeneltern«, sagte Marc verlegen und drehte sich um, bevor ich sehen konnte, dass er rot wurde. Vor Freude musste ich lächeln, denn ich wusste, dass er mich nun nur stehen ließ und zum Abendessen ging, weil es ihm schwerfiel, über seine Gefühle zu sprechen. Er entwickelte neue Emotionen und wuchs mehr und mehr in seine neue Rolle an der Seite von mir und hundert Affen hinein. Und das war ein überwältigendes Gefühl – sowohl für ihn als auch für mich.

»Ja, wir sind gute Affeneltern«, murmelte ich beseelt und zufrieden. Dann konzentrierte ich mich wieder auf das Baby in meinen Armen, denn für sie war es nun Zeit, ins Bett zu gehen. Ganz behutsam legte ich Rosie in ihre Nachtbox, und als sie spürte, dass sich meine Hände lösten, begann sie zu jammern. Doch noch bevor sie richtig wach wurde, war die Tür der Nachtbox bereits verschlossen und Rosie schlief direkt weiter. Fröhlich hopste ich Marc hinterher, um ihn »für eben« zu necken. Da er jedoch geahnt hatte, was ich im Schilde führen würde, hatte er sich bereits unter die anderen Helfer gemischt und war in Gespräche vertieft. Deswegen schnappte ich mir erst einmal eine Fanta aus dem Kühlschrank und setzte mich dann zu Jasmin, die mir erzählte, dass sie mit einem ehemaligen Helfer zusammen war. Das Lustige daran war, dass ich ihren Freund bereits kannte und zwar länger als sie. David war vor zwei Jahren mein Teamleiter gewesen. Gemeinsam hatten wir Kiwi, Ron und den Rest der Truppe aufgezogen.

»Ohhh krass! Das freut mich riesig für euch! Du musst mir alles erzählen!«, rief ich kichernd vor Begeisterung.

Und das tat sie auch. David war vor einem Jahr nach England ausgewandert, und dort hatte alles angefangen, auch wenn sie sich bereits in Südafrika kennengelernt hatten. Eines kam zum anderen, und kurz bevor Jasmin nach Südafrika kam, wurde aus den beiden ein Paar.

»Es ist genauso verhext gewesen wie bei dir und Marc letztes Jahr. Wir waren gerade zusammen, und dann bin ich weg«, sagte sie betrübt.

»Aber wie du siehst, ist das ein gutes Zeichen!«, munterte ich sie auf.

»Ja«, lachte sie. »Aber so schnell will ich nicht heiraten«, fügte Jasmin verlegen hinzu.

»Das habe ich auch gesagt«, meinte ich augenzwinkernd. Gerne hätte ich sie weiter über alles ausgefragt, aber um kurz nach sechs läutete Gus die Klingel, denn das Abendessen war fertig. Die anderen Helfer kamen wie ein hungriges Löwenrudel gelaufen und stellten sich fürs Essen an. Auch Jasmin und ich reihten uns ein. Gus verteilte an diesem Abend das Essen, und wie immer versuchte er mir Fleisch anzudrehen, denn selbst nach vier Jahren konnte er einfach nicht verstehen, dass ich Vegetarierin war.

»Michi, warum isst du kein gutes Fleisch? Du könntest die perfekte Südafrikanerin sein«, sagte Gus und wackelte mit dem Steak in seiner Zange. Ich schüttelte nur grinsend den Kopf und legte mir selbst ein Tofu-Würstchen auf den Teller.

»Nein danke!«, sagte ich.

Empört pfiff Gus Marc zu sich. »Marc, mein Junge, du musst deine Frau unter Kontrolle bekommen!«

»Sie ist leider das Alpha«, sagte Marc und zog nur hilflos die Schultern hoch.

»Sag bloß, du lässt dich von deiner Frau beißen?«, spottete Gus, und noch bevor Marc etwas erwidern konnte, meinte Gus: »Obwohl, das wollen wir gar nicht wissen!«

Amüsiert von seinen eigenen Witzen lachte er mit seiner alten rauchigen Stimme und legte einem anderen Helfer das Steak auf den Teller. Ich schüttelte nur den Kopf, und als Marc sich zu mir setzte, spöttelte ich: »Du lässt dich wohl nicht nur gern von *baboons* mobben, oder?«

»Scheint mir zu gefallen. Ich habe mir ja genau dieses Leben ausgesucht«, sagte Marc und lächelte mich an.

Ich antwortete nicht und freute mich einfach nur über Momente wie diese, von denen ich vor einem Jahr, als ich das letzte Mal in Südafrika war, nur hätte träumen können.

Nach dem Abendessen spielten wir noch eine Runde Uno mit den anderen Helfern und gingen dann, ohne unser Baby zu vergessen, aufs Zimmer. Rosie schlummerte zum Glück ganz friedlich, und so fanden auch wir schnell unseren wohlverdienten Schlaf.

Um drei Uhr nachts weckte die kleine Maus uns allerdings mit einem leidenden Geschrei. Sie hatte Hunger, weshalb ich sie aus der Box nahm und in eine rosa Decke wickelte. Marc holte ihr Fläschchen, und gemeinsam fütterten wir das Affenbaby. Während ich die Flasche hielt, lauste Marc immer wieder ihre kleinen Füße, die am Ende aus der Decke rausschauten. Am linken Füßchen war sie sogar kitzelig, weshalb sie diesen schleunigst zurück unter das Deckchen zog. Nachdem ihre Flasche leer war, war Rosie jedoch wider Erwarten nicht todmüde, sondern putzmunter. Voller Energie befreite sie sich aus der Decke und hüpfte dann übers Bett. Übermütig zog sie die Kopfkissen von einem Ende zum anderen, schleuderte meinen Teebeutel durch die Gegend und versuchte Marcs Kamera zu essen. Wir beide waren noch so schlaftrunken, dass wir dem kleinen Affen kaum hinterherkamen, und am Ende setzte ich mich auf die eine Seite des Bettes und Marc sich auf die andere, sodass wir sie wenigstens halbwegs in Schach halten konnten. Nach einer halben Stunde hüpfen, spielen und tollen krabbelte Rosie jedoch endlich wieder in meinen Arm zurück. Ich legte mich mit ihr ins Bett, und nach nicht einmal zwei Minuten war sie wieder eingeschlafen.

»Ein Glück!«, flüsterte Marc.

Wir warteten jedoch noch eine Weile, bis wir sie zurück in die Box legten, damit sie nicht direkt wieder aufwachen würde. Unsere Mühe war jedoch umsonst, denn als wir sie nach zwanzig Minuten ablegten, begann sie direkt zu schreien und scharrte von innen an der Tür der Box. Es dauerte eine weitere Stunde, bis sie sich beruhigte und wieder einschlief. Doch Marcs und meine Nacht war damit vorbei, da unser Wecker bereits in einer halben Stunde klingeln würde. Um jedoch das Beste aus unserer viel zu kurzen Nacht zu machen, entschieden wir uns, ganz entspannt in den Tag zu kuscheln und dabei über unsere bisherigen Lieblingsmomente zu sprechen.

»Ich hatte zwei Lieblingsmomente«, schwelgte ich in Erinnerungen und teilte meine Glücksmomente mit Marc. Einmal mein emotionales Wiedersehen mit Kiwi und zum anderen Marcs erstes Mal im Paviangehege. Beides waren Erinnerungen, die ich tief in meinem Herzen unter den Momenten für die Ewigkeit abgelegt hatte und die es am Ende meiner Reise auf einem kleinen Stück Papier in mein Glücksglas schaffen würden. Und auch Marc hatte zwei besondere Erinnerungen:

»Ich glaube, meine schönsten Momente bisher waren das Händchenhalten am ersten Tag, als ich vor dem Gehege stand und zum ersten Mal einen Affen in echt gesehen habe. Ich war so aufgeregt, als ich meine Finger durch den Maschendraht steckte. Plötzlich kamen dann alle Affen gelaufen, um an mir zu schnuppern, und ich weiß noch, dass Tyga der erste Affe war, der sich getraut hat, meine Hand zu halten. Ich war total überrascht, wie weich seine Hände waren und wie konzentriert er meine Hand inspizierte. Es war ein ganz neues, besonderes und außergewöhnliches Gefühl. Irgendwie so unbeschreiblich!« Dann hielt er kurz inne. »Und dich hier zu sehen. In dem kleinen weißen Gehege mit Rosie, beim *baboon walk* mit den größeren Affen, bei den Pavianen, wenn so viele Tiere auf dir schlafen. Du bist dann einfach immer so am Strahlen. Dich glücklich zu sehen, das sind mein Lieblingsmomente!«

»Mir geht es genauso«, sagte ich und legte den Kopf an seine Schulter. Arm in Arm verweilten wir für eine halbe Stunde und genossen einfach nur die Ruhe, bis der Wecker den nächsten Arbeitstag einläutete.

Marc

Als wir so schnell geheiratet haben, dachten viele, es hat bestimmt mit einem Baby zu tun. Als für die Außenstehenden dann nach einigen Monaten ersichtlich wurde, dass dies nicht der Fall war, dachten sie, dann kann ein Baby ja nicht lange auf sich warten lassen. Doch auch das war nicht der Fall!

Denn all die Abenteuerreisen, die uns zu zweit schon mal an den Rand der Verzweiflung getrieben haben, würden sich mit Nachwuchs gewiss nicht einfacher gestalten. Das wusste ich spätestens, nachdem wir uns als Affeneltern versuchten. Es mangelte mir ja schon an der räumlichen Vorstellungskraft, um Windeln für ein Affenbaby zuzuschneiden. Vom Anziehen ganz zu schweigen, da mich dies schon bei einem Menschenbaby überfordern würde. Wo muss das Loch für den Schwanz hin? Die Affen können sich die Windel selbst ausziehen? Und wie hat man zwei Hände und zwei Füße unter Kontrolle, die einen permanent greifen wollen, während man versucht, die Windel anzuziehen? Zum Glück ist es kein Neuweltaffe, sonst würde auch noch der Schwanz greifen ...

Unter der Anleitung von Michi wurde ich jedoch in all diese Dinge eingewiesen und schaffte es irgendwann auch alleine, die kleinsten Affen zu waschen, zu wickeln und zu füttern. Dabei sahen die Babys zwar nicht – wie bei Michi – wie aus dem Ei gepellt aus, sondern eher etwas grobmotorischer versorgt, aber ich bilde mir ein, dass es den meisten Vätern anfangs so geht. Das Affeneltern-Training hatte jedoch seine Spuren hinterlassen, da die kleinen Racker zu langes Warten auf ihr Fläschchen gerne mit einem Schnapp in den Finger oder einem Schrei quittieren. Verwundert stellte ich fest, sie waren tatsächlich fast so ungeduldig wie Michi.

Im Nachhinein betrachtet ist mir all das, die Bisse, die Überforderung und auch die schlaflosen Nächte, jedoch viel schöner in Erinnerung geblieben, als sie es in den Momenten selbst tatsächlich waren. Vor allem der Schlafentzug, der mir dort wie eine Höllenqual vorkam, sorgte für die schönsten Fotos und lustigsten Erinnerungen. Beim Betrachten dieser fällt dann auch nicht mehr auf, dass wir nur aus purer Verzweiflung gelacht und fotografiert hatten. Geht es allen Eltern so?

Wir schmeißen
ALLES HIN UND
WERDEN
KAMMERJÄGER

Völlig übermüdet trugen Marc und ich Rosies Nachtbox zur Babyküche, wo Noel bereits auf uns wartete.

»Ihr hattet wohl wenig bis keinen Schlaf«, begrüßte uns Noel lachend und zog an seiner Kippe.

»Mäßig viel«, sagte Marc. »Ist das nicht normal für Flitterwochen?« Er nahm unseren Schlafentzug mit Humor.

Noel zwinkerte uns nur zu, und dann füllten wir die gelben Badeeimer für die Affenbabys mit warmem Wasser auf, um die kleinen Racker zu waschen. Nach und nach kamen auch die anderen Helfer mit ihren Nachtboxen angetrottet. Marc und ich entschieden uns, die Babys an diesem Morgen zu baden, während der Rest des Teams die Fläschchen vorbereitete und die Kleinen danach fütterte.

»Zuerst ziehen wir den Affen die schmutzigen Windeln aus, die dann direkt hier in den Eimer kommen, und danach tunkst du den Popo direkt ins Badewasser, um sie sauber zu machen. Dafür benutzen wir dann diese Seifen, waschen den Popo ganz gründlich ab. Wenn wieder alles sauber ist, tunken wir sie in den zweiten Eimer, um die Seife abzuwaschen. Danach geben wir das Baby weiter, damit es getrocknet und gefüttert werden kann«, erklärte ich Marc und zeigte ihm den Ablauf an Rosie, die sich wie wild gegen das Baden wehrte.

»Paviane machen zwar immer ins Wasser, aber dafür beißen sie einen nicht so häufig. Bei den kleinen Meerkatzen, die in der Box da hinten schlafen, ist das nicht der Fall. Sie haben Zähnchen wie Stecknadeln und beißen, als ginge es um ihr Leben. Daher schau immer, dass du sie so greifst«, erklärte ich Marc und zeigte ihm noch mal langsam, wie ich Rosie festhielt. Mein Arm wurde von Rosie umklammert, und mit der Hand fasste ich durch ihren Schritt, um ihre Beinchen mit meinen Fingern nach oben zu halten. So kam ich besser an den Popo, um sie sauber zu machen, und gab dem Baby Halt. Andernfalls würde ich unter Umständen zu fest auf den Bauch drücken und das Tier stressen. Und wenn sie dennoch zu strampeln begann, konnte ich direkt den Schwanz festhalten, damit sie nicht aus dem Badeeimer kletterte.

»Gebissen wirst du so zwar auch, aber du tust den Babys dann nicht weh, wenn sie strampeln, weil der Schwanz sehr unempfindlich ist«, sagte ich und deutete dann auf eine der Nachtboxen. »Beim ersten Mal helfe ich dir noch. Keine Sorge!«

Marc öffnete die Box der Meerkatzen, und das erste Baby, das herauskam, war Billy. Damit hatte Marc den Jackpot gezogen. Im negativen Sinne. Denn Billy war auch bekannt als »Billy, der Beißer«. Ganz langsam zog Marc der kleinen Meerkatze die Windel aus, und bereits jetzt hatte Billy ihn blutig gebissen. Ich nahm

Marc die Windel ab und warf sie in den Mülleimer. Während er das Baby dann in den Eimer tunkte, wusch ich schnell den Popo des Affen, damit wir zügig fertig wurden. Denn Billy war unentwegt am Schreien und Beißen, und es war für alle Beteiligten das Beste, den kleinen Mann flott abzugeben, damit er sein Fläschchen bekam und sich beruhigen konnte. Obwohl wir die Babys zum ersten Mal gemeinsam badeten, arbeiteten wir Hand in Hand und hatten den bissigen Billy blitzschnell sauber, sodass wir ihn endlich los waren.

»Rollentausch?«, fragte ich Marc, damit er nun das Baby waschen würde und ich die Rolle des Beißschutzes übernahm. Er nickte, und wir badeten an diesem Morgen alle Babys gemeinsam, da wir so viel schneller waren. Nach dem letzten Affenkind waren Marc und ich jedoch nicht nur außer Atem, sondern auch von oben bis unten nass, zerbissen und verschwitzt.

»Gut gemacht!«, lobte ich meinen Mann, und wir gaben uns ein High Five. Uns blieben nur wenige Sekunden, um zu verschnaufen. Schnell leerten wir noch die Badeeimer aus, bevor wir, ohne eine Tasse Kaffee, zu unseren Morgenstationen gingen. Denn da wartete bereits ein weiterer Haufen Arbeit auf jeden von uns.

Der Rest des Morgens verlief wie die anderen zuvor, und als Marc und ich uns beim Frühstück wiedersahen, fühlte es sich an, als wären wir bereits Ewigkeiten hier. Unser Alltag war bereits jetzt so routiniert und eingespielt, dass wir uns kaum vorstellen konnten, erst seit wenigen Tagen hier zu sein.

Damit uns jedoch nicht langweilig wurde, teilte Lily uns nach dem Frühstück für eine uns beiden unbekannte Aufgabe ein: *bug catching*. Sie erklärte uns, dass wir momentan ein großes Buschbaby hatten, was auch für mich eine Premiere war.

Dieses benötigte für eine ausgewogene Ernährung Heuschrecken und andere Käfer. Und es war unsere Aufgabe, diese zu fangen.

»Cool«, sagten Marc und ich gleichzeitig. Hoch motiviert schnappte sich jeder von uns eines der alten Netze sowie eine Insektenbox, dann marschierten wir los.

»Ich habe keine Ahnung, wie ich hiermit irgendwas fangen soll«, sagte Marc lachend und hob sein Netz hoch, was voller Löcher war.

»Da kann ich mithalten«, meinte ich und zeigte Marc mein Netz, was genauso kaputt war.

In Südafrika wäscht man eben nicht nur die Wäsche im Zementmixer und säubert das Obst in der Badewanne, nein, man fängt Insekten mit löchrigen Netzen – man nimmt das Leben, wie es kommt, und macht das Beste draus.

Marc fing seine ersten Käfer bereits nach wenigen Sekunden, während ich anfangs Probleme hatte, die Grashüpfer überhaupt zu erkennen, wenn sie sich nicht gerade bewegten. Doch nach einer Weile hatten sich meine Augen daran gewöhnt, und ich begann aufzuholen.

Plötzlich zischte es neben mir, und ich erblickte eine große graue Heuschrecke. Als ich sie sah, wusste ich, dass sie mir gehörte. Ich pirschte mich mehrmals an, doch das Insekt war mir immer einen Hüpfer voraus, bis es nach einer fünfminütigen Verfolgungsjagd endlich im Netz landete. Ich jubelte stolz und präsentierte Marc meinen Fang.

»Yes, yes, yes«, rief er, und wir hüpften vor Freude auf und ab. Marc, der nun auch Blut geleckt hatte, wollte auch etwas Besonderes fangen, und als eine grüne Libelle an uns vorbeiflog, sagte er nur: »Die!«

Ich nickte ihm ermutigend zu und beobachtete, wie er sich auf leisen Sohlen anschlich. Doch das Tier entwischte immer wieder. Auf ihrer Flucht führte die Libelle ihn jedoch zu einem kleinen Schwarm, wo endlich eines der Tiere ins Netz ging. Damit die Insekten nicht direkt wegfliegen konnten, musste Marc sofort, nachdem das Tier sich verfangen hatte, mit der Hand zugreifen und es in eine Box packen.

»JAAA«, freuten wir uns gemeinsam.

»Wir haben bereits über dreißig Insekten«, verkündete ich und klatschte in die Hände.

»Die vierzig schaffen wir auch noch«, sagte Marc entschlossen.

»Oja! Wir wären so gute Kammerjäger!«, stellte ich belustigt fest.

»Und wir hätten Spaß daran«, ergänzte Marc. Dann ging wieder jeder von uns auf die Pirsch, und am Ende landeten tatsächlich 47 Insekten in unserer Box.

»Wie viele?«, fragte Lily, als wir zur verabredeten Zeit zurück zur Farm kamen.

»47«, sagte Marc, ohne zu wissen, dass das eine ganze Menge war.

»Krass. Das ist ja wie Weihnachten für Frances, das Buschbaby. Sehr, sehr gut! Euch schicken wir nun immer zum *bug catching*«, lobte sie uns.

Marc und ich strahlten uns an, dann flüsterte er: »Komm, lass uns alles hinschmeißen und Kammerjäger werden!«

»Klar, wenn das mit der eigenen Auffangstation nicht klappen sollte, bin ich direkt dabei!«, meinte ich lachend.

Frances würde allerdings erst am Abend gefüttert werden, daher brachten wir die Box in die Küche und bereiteten dort die Fläschchen für die Affenkinder vor, die nun an der Reihe waren.

Der Rest unseres Teams fing die flinken Babys aus den Gehegen und brachte sie zu uns. Als die Kleinen die Flaschen sahen, kamen sie direkt auf uns zugehopst. Jeder wollte der Erste sein und versuchte, dem anderen Baby die Flasche zu klauen.

Das ist übrigens ein entscheidender Nachteil an Affenbabys: Sie können bereits laufen! Und das heißt, dass sie liebend gern während des Fütterns weglaufen, anderen die Flaschen abnehmen und von Helfer zu Helfer hüpfen. Ein Baby hat man da noch gerade unter Kontrolle, aber eine kleine Horde macht es fast unmöglich, weshalb immer ein Helfer für ein Baby verantwortlich ist. Jeder von uns schnappte sich also eines der frechen Affenkinder und hielt es im Arm. So konnten wir aufpassen, dass keiner Faxen machte und alle nach dem Füttern wieder ins Gehege kamen.

Der einzige Helfer, der nichts zu tun hatte, war Marc. Er galt als Babyschreck, denn alle kleinen Affen hatten Angst vor ihm. Das war allerdings nichts Ungewöhnliches. Da Marc eine tiefe Stimme hat und breit gebaut ist, wirkt er wie ein Alpha. Diese Kombination schüchtert die Kleinsten oft ein. Daher bevorzugen Jungtiere in der Regel Frauen als Bezugspersonen. Wenn die Tiere jedoch älter werden, prägen sich vor allem heranwachsende Affenjungs auf Männer, um von ihnen zu lernen, während die Mädchen sich weiterhin auf Frauen fixieren.

Von der Fütterung aus ging es direkt zum *baboon walk,* der ohne große Vorkommnisse schön wie immer verlief. Am Nachmittag sortierten wir erneut das Obst, säuberten das Kühlhaus sowie die Lagerhalle, und dann war es auch bereits halb fünf und wir hatten Feierabend. Der Tag war wie im Flug vergangen. Marc und ich gingen nach der Arbeit wieder mit Rosie ins Paviangehege und fütterten um fünf mit unserem Team erneut die Babys.

Von da aus hüpften wir unter die Dusche, und um halb sechs ließen wir uns mit Rosie auf einer Picknickdecke nieder und lasen, während die Abendsonne uns bräunte. Das kleine Affenmädchen hüpfte dabei immer frech um uns herum, attackierte Käfer, die sie fand, und erschrak vor jedem Windstoß. Sie war so süß, dass ich mich kaum auf das Lesen konzentrieren konnte und immer wieder meine Aufmerksamkeit auf sie richtete. Doch nicht nur mir ging es so. Auch sie behielt mich stets im Auge, damit ich sie nur ja nicht vergessen würde. All das waren kleine Anzeichen, dass sie sich langsam auf mich prägen würde. Diese Erkenntnis machte mich unfassbar stolz, denn es ist wirklich schwierig, das bedingungslose Vertrauen traumatisierter Tiere zu erlangen. Primaten sind sehr feinfühlig, aber irgendwas an mir schien den Kleinsten und Schwächsten stets das Gefühl zu geben, in meinen Armen sicher zu sein.

Um sechs Uhr brachten wir Rosie in ihre Nachtbox und gingen dann hungrig zum Abendessen. Während wir in der Schlange standen, tippte ich Marc freudig an, denn mir war eingefallen, dass wir gleich noch Frances, das Buschbaby füttern würden.

»Gleich haben wir einen Kammerjäger-Einsatz«, erinnerte ich Marc.

»Stimmt. Oh, ich freu mich schon richtig. Glaubst du, er schnappt sich zuerst die Libelle oder den großen Grashüpfer?«, fragte Marc in der Hoffnung, dass ich mich auf ein kleines Duell einlassen würde.

»Hm«, überlegte ich. »Ich glaube, die Libelle. Aber das sehen wir ja gleich«, fügte ich gespannt hinzu.

»Bekomme ich eine Massage, wenn er die Libelle zuerst isst? Immerhin habe ich sie ja gefangen?«, fragte Marc, der bei jeder Gelegenheit um eine Massage bettelte. Zu seiner Verteidigung muss ich auch sagen, dass ich ihn selten massiere, weil er nie ein Ende kennt, wenn man einmal angefangen hat.

»Wenn Frances dich danach massiert, bestimmt«, konterte ich ironisch.

»Du bist gemein«, sagte er schmollend. Aber ich hatte kein Mitleid mit ihm, lachte nur und zuckte mit den Achseln.

Nachdem wir mit dem Essen fertig waren, sprangen wir sofort auf und rannten zur Küche, wo die Insektenbox stand. Dort setzten wir die Käfer in den Joghurt, damit sie schlechter fliehen konnten, und liefen dann freudig zum Gehege. Da Buschbabys nachtaktiv sind, werden sie immer erst nach Sonnenuntergang gefüttert, um sie nicht in ihrem natürlichen Rhythmus zu stören. Und damit sie ausgewildert werden können, ist es wichtig, ihnen lebende Insekten zu füttern. Marc leuchtete in das Gehege, und Frances' große Augen schauten uns bereits gierig an. Voller Erwartungen stellten wir den Teller in sein Gehege und hockten gespannt vor der Gittertür. Langsam ließ sich das dicke Buschbaby an dem Holzbalken runter und trottete zum Teller, wo sein Abendessen wartete. Doch wider Erwarten stürzte er sich nicht auf den »Weihnachtsbraten«. Vielmehr beobachtete er das Essen erst einmal nur, und wühlte dann orientierungslos im Joghurt rum, ehe er in Zeitlupe ein Insekt nach dem anderen aß. Marcs Libelle nahm er erst nach einigen Minuten zur Kenntnis, doch das Flattern irritierte ihn so sehr, dass er sie losließ und das Insekt davonflog. Marc und ich öffneten die Tür einen kleinen Spalt und ließen sie dann frei.

»Glück gehabt, Kumpel«, rief ich ihr nach. Nun weitaus weniger begeistert widmete ich meine Aufmerksamkeit wieder Frances.

»Wir werden ihn niemals auswildern können«, sagte ich, als er nach zehn Minuten noch immer nicht fertig war.

»Er ist eben ein Genießer«, sagte Marc lachend.

»Und das macht ihn absolut überlebensunfähig«, stellte ich mit hochgezogenen Augenbrauen fest. Marc wollte eigentlich noch etwas sagen, um das dicke Buschbaby zu verteidigen, doch nachdem Frances nun die Hälfte aller Insekten aus dem Jogurt gefischt und dann hatte entkommen lassen, fiel auch meinem Mann nichts mehr ein.

»Ich weiß auch nicht «, meinte Marc achselzuckend.

»Vielleicht ist er ja Vegetarier«, sagte ich mit einem Grinsen. Nachdem wir Frances eine Weile beobachtet hatten, entschieden wir uns für einen Spaziergang bei Nacht.

Die Sterne standen hoch am Himmel, und die Grillen zirpten leise. Immer wieder wehte ein warmer Hauch durch mein luftiges Kleid, und auch wenn das alles nach Romantik pur klingt, war es das keineswegs. Denn während Marc und ich an Schubkarren und Werkzeugen vorbeischlenderten, machte mein Mann urplötzlich einen Riesensatz und sprang mir fast in die Arme.

»Schlange!«, schrie er und leuchtete auf den Boden. Und tatsächlich kroch eine kleine Speikobra geradewegs an uns vorbei, in Richtung Affenbaby-Gehege. Das Tier war noch nicht ausgewachsen und kaum einen Meter lang, was sie jedoch nicht weniger giftig machte. Wir hatten schon öfters Vorfälle mit Schlangen in unseren Gehegen gehabt, die in einer Nacht gleich mehrere Babys getötet hatten. Daher fingen oder töteten wir die Schlangen immer. Da jedoch niemand mehr in der Station war, der die Schlange fangen würde, gab es nur eine Möglichkeit, denn das Tier war keine fünf Meter mehr vom Gehege entfernt.

»Schaufel!«, schrie ich, und Marc rannte davon, während ich das Tier im Auge behielt. Eine gefühlte Ewigkeit später kam er mit einer kaputten Schaufel zurück.

»Was hast du vor?«, frage Marc zittrig.

»Sie könnte ins Gehege kriechen und die Kleinen gefährden!« Dann ging alles ganz schnell, und das musste es auch. Am Ende war das Tier ohne Kopf, und wir schweißgebadet. Während ich mich jedoch recht schnell beruhigte, und das Adrenalin langsam meinen Körper verließ, raste Marcs Puls auch nach einer halben Stunde noch heftig. In diesem Moment wunderte ich mich selbst über meine eigene Entspanntheit, aber mit der Zeit gewöhnt man sich eben nicht nur an das einfache, sondern auch an das gefährliche Leben in Südafrika.[4]

Hier in Südafrika beschreiben mich immer alle als typisch deutsch: ein pflichtbewusstes, direktes Arbeitstier. In Deutschland bin ich eine typische Ausreißerin, die macht, was sie will, ohne gesellschaftlichen Standards zu folgen. Und vermutlich sind beide Sichtweisen berechtigt. Etwas in mir würde immer das in Europa aufgewachsene Mädchen sein. Aber in mir war auch die affenverrückte Frau, die vor vier Jahren im Busch wiedergeboren wurde.

---

4   Nach dem Vorfall bildete Marc sich als Schlangenfänger aus, sodass er nun in der Lage ist, Schlangen zu fangen und an einem für sie sicheren Ort freizulassen. Grundlegend können durch gute Konzepte und mehr Aufklärung der Umgang mit scheinbar gefährlichen Tieren deutlich entschärft und auch Tiere in Projekten geschützt werden, u. a. durch bessere Gehegekonstruktionen. Das und vieles mehr war uns damals noch nicht bewusst. Solltet ihr auf Reisen jemals einer Schlange begegnen, haltet bitte Abstand und lasst das Tier fliehen, denn die meisten Bisse passieren durch unüberlegte Handlungen wie diese. Nimm uns daher an der Stelle bitte nicht als Vorbild!

er Abend der Verlobung:
arlos Sand Blow in Australien

abyaffe Rosie beim
kunden der Welt

Nächtliche Fütterung von Pavianbaby Rosie

eben der nächtlichen Fütterung standen auch
nige Spielstunden auf dem Programm.

Bug catching mit Rosie

Marc mit seinem
Lieblingsaffen Tyga

Das emotionale Widersehen
mit Michis Ziehkind Link

Rosie packt mit an.

Bush walk mit
Penny & Rosie

Marc & Tyga schlafend
beim *bush walk*

Happy Affenfamily

Fütterungsvorbereitung
mit Rosie

Galopp! Wenn das Essen auf sich warten lässt, sprinten die Zebras gerne mal los.

Beim *bush walk* durchs hohe Gras in Simbabwe

Beim Erbauen der Zäune werden schwere Felsen benötigt.

Bodhi, ein Ziehkind aus dem Jahr 2022,
bei dem Wiedersehen nach einem Jahr

Auf »Augenhöhe«
mit Giraffen

Michi mit Affendame Pixie

Aloe Vera, die Königin
der Heilpflanzen

Von hier oben haben die Paviane alles im Blick.

Auf Tuchfühlung mit Zebras

Mittlerweile hat auch Marc den Dreh raus und bezaubert große und kleine Affen.

Michi wird von Affen-
dame Pixie gelaust.

Manchmal trägt Marc
auch zwei Affen.

Giraffenfütterung
in Simbabwe

Ein majestätischer Anblick: Zwei
Pfauen im Sonnenuntergang

Michi in einem Community-Projekt für Aufklärungsarbeit im Bereich Artenschutz

Inmitten von Zebras

Gut getarnt!

In den Tiefschlaf gelaust

Marc

Die Insekten für die Buschbabys zu fangen sollte schnell zu meiner Lieblingtätigkeit in der Auffangstation werden. Auch wenn Buschbabys Primaten sind, hatten sie aus meiner Sicht recht wenig von einem Affen. Michi würde nun sagen, dass es daran liegt, dass es auch nur Halbaffen[5] sind. Aber für mich war zu diesem Zeitpunkt Affe Affe. Vielmehr sehen die Buschbabys aus wie ein flauschiges Knäuel mit riesen Augen und einem langen Schwanz. Dazu sind sie mit der Agilität eines Faultiers gesegnet, und auch wenn all das den kleinen Frances sehr süß machte, konnte ich mir eine Sache beim besten Willen nicht erklären: Wie sollte er in Freiheit auch nur einen Käfer fangen, wenn er sie nicht einmal aus dem Joghurt fischen konnte? Zu seinem Glück fiel seine Betreuung jedoch in meinen Zuständigkeitsbereich, und in meiner neuen Aufgabe blühte ich richtig auf. Während andere sich vor der Tätigkeit ekelten oder sie nur langweilig fanden, war ich vom ersten Tagesfangrekord angefixt und versuchte mich jedes Mal, selbst zu übertreffen. Sogar in meiner Freizeit hielt ich meine Augen nach besonders großen oder exotischen Insekten, Käfern und anderen Flattertierchen Ausschau. Da Michi sich genauso fürs *bug catching* begeistern konnte, wurden wir aufgrund unserer guten Fangquoten oftmals von anderen Tätigkeiten befreit, um dieser nachzugehen und für Frances genug zu

---

5 Taxonomisch betrachtet gibt es Halbaffen, Neuweltaffen, Altweltaffen und Menschenaffen. Buschbabys zählen dabei zu den Halbaffen, Paviane und Meerkatzen zu den Altweltaffen.

essen zu haben. Ein perfekter Deal, da sich so die Gelegenheit bot, frei das Gelände zu erkunden, durch jeden Busch zu jagen und sich der Fantasie hinzugeben, eines Tages in der Wildnis zu leben. In diesen Momenten hatte ich den Gedanken, dass diese Wildnis auch viele gefährliche Tiere beheimatet, verdrängt.

Seit meiner Kindheit und der Filmszene, in welcher Indiana Jones in eine Schlangengrube fällt, hatte ich große Angst vor Schlangen und war heilfroh, bis zu diesem Zeitpunkt noch keinem Kriechtier begegnet zu sein. All das sollte sich jedoch schneller ändern, als mir lieb war. Denn während eines mehr oder weniger romantischen Nachtspaziergangs verfehlte ich die meinen Weg kreuzende kleine Kobra nur um wenige Zentimeter. Noch nie in meinem Leben ist mein Puls so schnell in die Höhe geschnellt wie in jenem Moment, als ich fast auf eines der giftigsten Tiere der Welt trat. Ich war wie versteinert. Zum Glück kümmerte sich Michi um die Angelegenheit.

So weit weg von zu Hause lernt man die Natur jeden Tag ein Stückchen besser kennen und beginnt, die eigenen Ängste, Ansichten und Verhaltensweisen zu hinterfragen. So überwand ich durch neues Wissen in den kommenden Jahren meine Angst vor Schlangen und transformierte sie in eine große Begeisterung für die Tiere.

Zu diesem Zeitpunkt wusste ich jedoch nur, dass mir Schlangen im Dschungel außerhalb meines Sichtfelds wesentlich besser gefallen als auf dem Gelände unserer Farm und dass meine Frau unfassbar schnell mit der Schaufel zuschlagen kann, was mich vielleicht ein wenig beunruhigen sollte.

Strom-
AUSFALL

*D*er Rest der ersten Woche flog nur so vorüber. Jeder Tag war gleich. Rosie prägte sich mit jedem Füttern mehr auf mich, und auch die Männerfreundschaft zwischen Tyga und Marc wurde immer intensiver. Gegen Ende der Woche fuhren wir endlich in die Stadt und deckten uns mit Snacks ein, und Freitagabend war unsere *night out*. Auch wenn Marc und ich auf der einen Seite sehr gern mit den anderen ein wenig gefeiert hätten, waren wir einfach zu müde und wollten diesen Abend mal in entspannter Zweisamkeit verbringen. So ein bisschen Ruhe und Privatsphäre in den Flitterwochen schadet dann doch nicht. Daher blieben wir mit Jasmin, die auf eine ankommende Helferin wartete, in der Station und kochten Spaghetti. Es war während des Abendessens, als urplötzlich der Strom ausfiel und wir im Dunkeln saßen. Damit begann nicht nur die heißeste, sondern auch anstrengendste Zeit der Flitterwochen.

Am nächsten Morgen erfuhren wir, dass die Regierung ein sogenanntes *load shedding* angeordnet hatte. Das ist das gezielte Abschalten von Stromnetzen, da der Energieverbrauch im Land zu hoch ist. Aus diesem Grund ist Elektrizität in manchen

Regionen dann gar nicht oder nur für wenige Stunden pro Tag verfügbar. So kann die Regierung den Verbrauch regulieren und einen Totalausfall verhindern. Was auf den ersten Blick wie eine gute Lösung aussehen mag, ist in der Praxis eine absolute Katastrophe. Denn die Menschen vor Ort, die zum Beispiel Restaurants, Supermärkte und Farmen betreiben, sind auf Strom und Wasser angewiesen und erleiden durch die Ausfälle nicht nur hohe finanzielle Schäden, sondern sind auch enorm in der Lebensqualität eingeschränkt, wie auch wir in der kommenden Woche am eigenen Leib erfahren durften.

Dennoch nahmen wir unseren ersten Tag ohne Elektrizität noch mit Humor, alberten rum und unterschätzten immer wieder, wofür wir alle eigentlich Strom benötigten. Kein Kaffee, kein warmes Wasser, keine Mikrowelle, kein Licht, kein Internet. Die Liste der Dinge, die wir nicht mehr tun konnten, war endlos lang. Doch was den Stromausfall erst so dramatisch machte, war die Hitze, die uns allen enorm zusetzte. Alle Räume und Häuser waren total aufgeheizt worden und ohne Ventilatoren kaum zu betreten. Zwar hatte die Farm einen Stromgenerator, der einen Notfallkühlschrank mit der Milch und der Medizin für die Affen kühlte und die elektrischen Zäune am Laufen hielt, aber damit war dieser auch schon vollkommen ausgelastet.

»Animals first«, hörte ich Gus in meinem Kopf sagen und stimmte ihm zu. Die Tiere, ihre Versorgung und ihr Schutz hatten, auch in schweren Zeiten, immer oberste Priorität.

Etwas erschöpfter als sonst gingen wir an diesem Abend auf unser Zimmer und rechneten bereits mit dem Schlimmsten. Als wir die Tür zu unserem Schlafraum öffneten, fühlten wir uns, als würden wir eine Sauna betreten. In unserem Zimmer war es deutlich wärmer als draußen, weshalb wir alle Fenster aufrissen in der Hoffnung, dass es so etwas runterkühlen würde. Was wir dabei nicht bedacht hatten, war die Moskitoplage, die uns deswegen in der Nacht überfiel. Schweißgebadet wurde ich gegen zwölf Uhr wach und war von oben bis unten zerstochen. Als ich unseren Fehler realisierte, sprang ich aus dem Bett und verschloss alle Fenster. Doch meine Mühe war umsonst, denn der ganze Raum war nun bereits voller Schnaken. Marc war inzwischen auch von meinem Gepolter geweckt worden und plädierte dafür, dass die Fenster offen bleiben würden, da er noch nicht gestochen worden war. Doch als ich ihm zeigte, dass ich bereits weit über zwanzig Stiche am ganzen Körper hatte, willigte er ein, sich backen zu lassen. Binnen weniger Minuten war unser Zimmer allerdings so stickig geworden, dass es nicht mehr auszuhalten war.

»Ich muss raus«, schnaubte Marc, und wir beide tapsten in unserer Schlafmontur nach draußen, um uns wenigstens ein kleines bisschen abzukühlen.

»Es ist verhältnismäßig kühl hier«, sagte ich, während mein Kopf so stark pochte, dass ich spüren konnte, wie die Adern an meiner Schläfe pulsierten. Meine Augen waren geschwollen vor Müdigkeit und Hitze. Gleichzeitig machten mir die ganzen Stiche zu schaffen und mir wurde übel. Marc war ähnlich erschöpft. Doch das war nur der Anfang. Den Rest der Nacht verbrachten wir auf alten rostigen Stühlen vor unserem Haus, ohne ein Auge zuzubekommen.

Als der Wecker am nächsten Morgen in unserem Zimmer klingelte, waren wir einerseits erleichtert, dass die Nacht rum war. Andererseits fühlten wir uns vollkommen zerstört. Doch nicht nur Marc und mir ging es so. Auch all die anderen Helfer waren vollkommen ausgelaugt. Dementsprechend langsam arbeiteten wir alle an diesem Morgen, was man daran merkte, dass wir kaum unsere morgendliche Routine erledigt bekamen.

Die Temperatur spielte uns an diesem Tag übel mit, und als ich um neun Uhr auf das Thermostat schaute, welches auf unserer Veranda hing, waren es bereits knapp 40 Grad.

»Hilfe«, schnaubte ich und schleppte mich zum Essensraum. Beim Frühstück warteten ungetoasteter Toast, warme Marmelade und schlechte Milch auf uns, sodass ich mich entschied, mich im Aufenthaltsraum auf den Tisch zu legen und zu dösen. Tatsächlich schlief ich ein, und Marc weckte mich erst um zehn, als wir wieder fürs *bug catching* eingeteilt waren. Der kurze Schlummer hatte Wunder gewirkt, denn als ich mit dem Netz durch die Sonne wuselte und Insekten fing, fühlte ich mich wie neugeboren. Marc hingegen war noch immer genauso erschöpft und kraftlos, weshalb ich an dem Tag auch die Bug-Catching-Queen war. Am Ende hatten wir sogar 51 Käfer gefangen.

Bevor es nun zum *baboon walk* ging, ließen Marc und ich uns aber noch für fünf Minuten im Schatten nieder und hielten einander im Arm. ›Was einem eine Nacht in der Hitze ohne Schlaf anhaben kann‹, dachte ich mir. So oft kommen wir uns unantastbar und unfehlbar vor. Wir denken alle, unser Körper, unsere Gesundheit und unsere Energie wären selbstverständlich und unerschöpflich. Im Grunde merken wir gar nicht, was für ein Wunder dieser Körper ist und wie dankbar wir sein können, wenn wir uns keine Gedanken machen müssen, wenn er im wahrsten Sinne des Wortes läuft, atmet und uns versorgt.

»Ich bin müde«, flüsterte Marc, während er den Kopf mit geschlossenen Augen gegen den Baumstamm lehnte.

»Ich weiß«, sagte ich mitfühlend und strich sanft durch sein Haar und über seine Stirn. Marcs Kopf war so warm, und ich konnte mir nicht mal ansatzweise vorstellen, wie erschöpft er sein musste. Daher streichelte ich ihn ein wenig und kühlte seinen Nacken mit dem lauwarmen Wasser meiner Trinkflasche.

»Danke«, hauchte er und öffnete die Augen.

Ich zog ihn auf die Beine, und wir schlichen wie zwei alte Schildkröten zurück zur Farm.

Um zwölf Uhr trottete die Truppe, bestehend aus energielosen Helfern und energiegeladenen Affen, mit etwas Verspätung aufgrund unserer Erschöpfung zum Fluss.

Sogar der kurze Marsch erschien uns ewig lang, und als wir endlich ankamen, ließen sich alle Helfer ins Gras fallen, während die Affen herumtobten.

»Ich wünschte, ich hätte ihre Energie«, sagte Marc, als er neben mir lag und die Affen beobachtete, die über uns durch die Baumkronen turnten.

»Selbst wenn du so viel Energie hättest, würdest du hier unten im Gras liegen, während ich da oben hampeln würde«, erwiderte ich und grinste ihn an.

»Stimmt!«, sagte er lachend. »Ich wünschte, du hättest heute so viel Energie wie sonst, dann könnte ich jetzt dir beim Toben zusehen«, fügte er hinzu.

»Das wäre schon cool«, sagte ich schläfrig, und meine Augenlider fielen zu. Scheinbar war ich doch nicht so fit wie gedacht, und um nicht wieder einzuschlafen, setzte ich mich auf. Nach einer Weile begann es neben mir friedlich zu grummeln, denn Marc und viele andere Helfer waren tatsächlich eingenickt. Und so lustig dieses Bild war, so erleichtert war ich, als wir uns auf den Rückweg machten. Denn es hätte nicht mehr viel gefehlt, und Jasmin und ich wären auch eingenickt, und dann wären die Affen los. Damit meine ich jedoch nicht unsere, sondern die wilden

Truppen, die im umliegenden Gebiet leben. Denn da Paviantruppen einander feindlich begegnen, mussten wir unsere Jungtiere schützen und immer ein Auge auf sie haben.

»Aufwachen!«, rief Jasmin, und nach und nach rappelte sich ein halb toter Helfer nach dem anderen auf. Obwohl wir alle wie Zombies aussahen und uns auch genauso bewegten, hatten die Paviane kein Mitleid. Stattdessen ließen sie sich zum Großteil bequem zurücktragen und genossen den langsamen Spaziergang.

»Geschafft«, sagte Jasmin, als wir endlich, nach einer gefühlten Ewigkeit, die Farm erreichten. Erleichtert schloss sie das Gehege ab und entließ uns in die Mittagspause.

Pünktlich zum Essen schaltete sich dann der Strom auch endlich wieder ein. Marc und ich verzichteten auf labbrige Toasts und flüchteten stattdessen direkt aufs Zimmer, um uns unter den Ventilator schlafen zu legen. Auch wenn der Raum noch immer unfassbar aufgeheizt war, reichte die kleine kühlende Brise aus, um uns einen kurzen entspannenden Mittagsschlaf zu bescheren. Mit halb aufgetankten Batterien standen wir um zwei Uhr auf, denn die Arbeit rief.

»Hoffentlich ist der Strom noch an, wenn wir gleich aufs Zimmer kommen«, betete Marc.

Doch seine Worte wurden nicht erhört, denn nach einer Stunde war die Elektrizität wieder weg, und wir brüteten vor uns hin. Auch den Rest des Tages blieb der Strom ausgeschaltet, und als wir abends mit Rosie im Gepäck in unser Zimmer kamen, betete ich einfach nur, dass wenigstens sie die Nacht durchschlafen würde. Doch weit gefehlt. Denn die Hitze machte auch dem kleinen Affenbaby sehr zu schaffen, sodass wir, wie bereits in der Nacht zuvor, nach draußen gingen und uns auf den rostigen Drahtstühlen niederließen. Zwar versuchten wir immer wieder, uns drinnen hinzulegen, um wenigstens ein bisschen Schlaf zu bekommen, doch sobald wir vor Erschöpfung eingeschlafen waren, wachte das Babyäffchen auf und schrie, weil es die Hitze nicht aushalten konnte.

»Schon gut«, tröstete ich das gestresste Affenmädchen und beruhigte mich damit selbst. Doch nach dem vierten vergeblichen Versuch, endlich einzuschlafen, begann ich zu jammern, denn ich war so erschöpft, hatte den ganzen Tag nichts gegessen und war kräftemäßig am Ende. Marc nahm mich liebevoll in den Arm, und weil wir beide keine andere Lösung fanden, legten wir uns zu dritt ins Gras und fanden unter freiem Sternenhimmel wenigstens ein wenig Erholung – auch wenn diese Aktion wegen allem, was auf dem Boden und draußen im Gebüsch so krabbelt und jagt, absolut töricht war. Gegen fünf Uhr, nachdem wir vielleicht eineinhalb Stunden geschlafen hatten, rafften wir uns auf und gingen für die letzte halbe Stunde zurück aufs Zimmer. Dann begann ein neuer Arbeitstag.

Als ich an diesem Morgen mit dem kleinen Affen im Arm in den Spiegel blickte, glich mein Bild einem Zombie. Halb tot putzte ich meine Zähne, schrubbte mit dem Waschlappen mein Gesicht und versuchte dabei, die Augenringe wegzuwaschen. Doch keine Chance. Mit jeder Stunde Schlaf, die mir fehlte, und mit jedem weiteren Tag ohne Strom, alterte ich gefühlt um ein Jahr. Und auch Marc ging mittlerweile stark auf die vierzig zu.

Kein Wunder, dass dieser Morgen noch kraftloser verlief als der gestrige. Aus Mitleid erließ uns Gus an diesem Tag Aufgaben, die nicht notwendig waren, weshalb alle Helfer bereits nach dem *baboon walk* Feierabend hatten, um sich so gut es ging auszuruhen und zu erholen.

»Ein Glück«, sagte Lily, die auch vollkommen ausgelaugt war. Mit ihr und den anderen Helfern gingen wir in den Aufenthaltsraum, der noch nie so still gewesen war. Uns allen fehlte selbst zum Sprechen die Energie, und wenn einmal jemand etwas von sich gab, war es nur ein erschöpftes »Ich bin müde« oder »Ich sterbe vor Hitze«. Um ein Uhr kehrte der Strom zurück, und alle rannten auf ihre Zimmer, um sich unter den Ventilatoren ein wenig Schlaf zu gönnen. Doch auch dieses Vergnügen war von kurzer Dauer, denn nach etwas mehr als zwei Stunden war der Strom wieder weg. Doch diese zwei Stunden hatte uns allen so gutgetan. Es war, als wären wir wieder aufgetankt, vor allem emotional. Gemeinsam beschlossen wir, unsere neu gewonnene Energie in Freude zu investieren, erledigten die Nachmittagsfütterung im Team und alberten dabei herum. Über Stromausfälle, über warme Cola und kaltes Essen, über Affen und das Leben. Und als es ganz unerwartet zu regnen begann, tanzten wir alle im Sturm. Während ich dort barfuß im Matsch hüpfte und das kühle Nass mit jeder Faser meines Körpers genoss, schaute ich Marc an, der es mir gleichtat.

Obwohl wir beide seit drei Tagen kaum geschlafen hatten, unter der Temperatur litten und uns nichts sehnlicher wünschten als eine gekühlte Fanta – oder ein gekühltes Bier –, waren wir in diesem Moment einfach glücklich und dankbar. Wir hatten doch alles, was wir brauchten: tolle Freunde, wahre Liebe und Regen, der die Felder und auch uns wiederbelebte.

In Momenten wie solchen wird mir immer bewusst, wie privilegiert wir Menschen in Europa sind und wie wenig wir dies anerkennen. Uns allen mangelt es nicht an Lebensstandard oder Einkommen – es mangelt an Demut.

Während unseres Regentanzes hatten wir gar nicht bemerkt, dass sich die Ventilatoren und der Kühlschrank wieder eingeschaltet hatten. Der Strom war zurückgekehrt.

Ich bin mir sicher, dass wir alle an diesen Tagen lernen konnten, einfach mal präsent, nur im Hier und Jetzt, zu sein. Denn nur, weil wir gemeinsam im Regen tanzten und die letzten Tage gemeistert hatten, hatten wir alle die Chance, jede Sekunde, mag sie noch so kräftezehrend gewesen sein, zu erleben. Zurück im Aufenthaltsraum jubelten wir, als die Klimaanlage wieder angeschaltet war, und stießen mit lauwarmer Limonade auf das Leben an.

Danach rannten alle auf ihre Zimmer, um die Handys zu laden, den Liebsten zu schreiben und das Neuste vom Neuesten zu checken. Das virtuelle Leben hatte uns wieder. Aber auch das gehörte zu uns. So waren wir groß geworden, und ich versuche mir mittlerweile abzugewöhnen, mein und auch das Verhalten anderer dahingegen zu bewerten. Ja, wir hängen zu viel am Handy. Aber es ist, wie es ist. Wir sind alle noch immer die Kinder Europas, aber tief im Herzen sind wir nun auch Söhne und Töchter Afrikas, geboren unter einem Affenbrotbaum, zwischen Pavianen und Meerkatzen.

Nach einem erholsamen Mittagsschlaf verbrachten wir alle den Abend am Lagerfeuer. Wenn man in Südafrika etwas feiern möchte, gibt es ein Standardgericht: *potjie,* was man übrigens »peuki« ausspricht. *Potjie* bereitet man in einem schwarzen Kessel aus Gusseisen zu. Man gibt Salat, Pilze, Zucchini und Kartoffeln in einen Topf, kann aber eigentlich auch jedes beliebige Gemüse dazu verwenden. Man schichtet die eigene Auswahl an Lebensmitteln dabei nach Garzeiten. Danach würzt man das Essen nach Belieben und gibt etwas Wasser dazu. Zu guter Letzt stellt man den Kessel über die Glut des Feuers und lässt ihn köcheln. Eine halbe Stunde später hat man einen superleckeren, gesunden Eintopf.

Wann immer ich Marc davon erzählt und geschwärmt hatte, dass es das beste Essen der Welt sei, konnte er sich kaum vorstellen, dass ein Pot-Gemüse ihn vom Hocker reißen würde. Doch an diesem Abend machte er seine erste *Potjie*-Erfahrung und war sofort hin und weg.

»Du hattest recht«, schwärmte er und kratzte am Ende die letzten Reste aus unserem Topf, um ja keinen Krümel zu verschwenden. Eine solche Sorgfalt kannte ich bis dato nur von ihm, wenn es um seine Arbeit oder Blaubeermuffins ging. Umso schöner war es, dass er und Mama Afrika immer bessere Freunde wurden.

Nach dem Essen spülte jeder seinen Topf, und dann war es Zeit für die Awards. In der Station bekommt jeder Helfer am Ende der Woche einen Award für seine besonderen Leistungen. Und auch wenn, oder gerade weil, es handgeschriebene und bemalte Blätter sind, ist es immer besonders schön. Denn wann hat man schon das letzte Mal ein Kompliment auf buntem Papier überreicht bekommen?

Verteilt wurden die Auszeichnungen immer von dem Projektmanager, in dem Fall Jasmin, und den drei Teamleitern Mike, Noel und Lily.

»Ich bin so gespannt, was dein erster Award sein wird«, flüsterte ich Marc zu und fieberte die ganze Zeit mit ihm mit.

»Ich auch«, erwiderte er grinsend, und doch war es ihm sichtlich unangenehm, als Lily ihm den Award für den besten Käferfänger überreichte und alle klatschten. Marc gehört zu den Menschen, die nicht gerne im Mittelpunkt oder vor einer großen Menge stehen, während ich manchmal einfach eine Rampensau bin. Wer auch immer uns von außen betrachtet, würde auf den ersten Blick nie sehen, was uns verbindet. Aber am Ende waren es nicht die Charakterzüge, die uns vereinten, sondern das, wofür unser Herz schlägt: kleine Käfer und große Affen.

Ich bekam den Award für – wen überraschte es? – die schnellste Auberginen-Schneid-Königin. Den konnte ich nun neben all den anderen aufhängen. Andere bekamen eine Auszeichnung als beste Reinigungskräfte, netteste Helfer und schnellste Babyflaschen-Zubereiter. Am Ende hielt jeder einen kleinen bunten Zettel mit einer ganz persönlichen Nachricht und viel Wertschätzung in der Hand.

Mit einer Umarmung verabschiedeten wir uns von Gus und Liz und spazierten dann zu unserem Zimmer. Auf dem Weg dorthin betrachteten Marc und ich erneut die Sterne und ließen uns noch für eine Weile im feuchten Gras nieder.

»Stell dir mal vor, das wäre jeden Abend das Letzte, was du siehst, ehe du einschläfst. Einen tiefschwarzen Himmel übersät mit Sternen, während die Grillen zirpen und dir eine frische Brise durchs Haar weht. Stell dir mal vor, wir wären jeden Tag so frei«, murmelte ich.

»Ich kann es fühlen«, murmelte Marc, und ich wusste genau, was er meinte. Auch wenn er eine Heidenangst hatte, seine Komfortzone zu verlassen, so konnte auch er sich vorstellen, eines Tages hier zu leben.

»Lass uns eine Auffangstation kaufen und es wie Gus und Liz machen«, sagte ich und drehte mich lächelnd zu Marc hin, doch er schüttelte nur den Kopf.

»Keine Chance! In deinem Herz schlägt erst einmal ein anderer Traum. Wenn wir diesen haben wahr werden lassen, sprechen wir noch mal übers Auswandern«, meinte Marc augenzwinkernd. Ich atmete schwer, blickte wieder in die Sterne und meine Mundwinkel verzogen sich.

»Nicht traurig sein, Schatz«, flüsterte er und legte eine Hand auf mein Herz. »Es ist alles hier drin, und ich glaube an dich! Ich kann es nicht sehen. Nicht so, wie du es tust, aber ich weiß, dass du alles erschaffen kannst, wovon du träumst. Immer wenn du mir erzählst, wie du eines Tages viele Hundert Affen gerettet und ganz viele Menschen nach Südafrika gebracht haben wirst, sprichst du so stark und so selbstsicher. Und wenn du erzählst, dass dein Name einmal ganz oben auf der Bestsellerliste stehen wird und du Vorträge vor Menschen hältst, um ihnen den Tierschutz näherzubringen, strahlen deine Augen. Du bist so voller Liebe. Mensch, Michi, du kannst es doch sehen und fühlen! Und wenn du es schaffst, dass ich, der rationalste Polizist in Deutschland, der noch nie seine Komfortzone verlassen hat, sich innerhalb eines Jahres um 180 Grad dreht und in mir meine Kindheitsträume weckst, dann kannst du auch andere Menschen mit deiner Affenliebe anstecken. Du musst dich nur trauen, dann werden alle deine Träume wahr. Dann leben wir eines Tages in Südafrika!«

»Ich habe Angst«, sagte ich ganz gerührt und nahm Marc fest in den Arm. Aufgelöst atmete ich tief ein und aus und drückte meinen Mann so feste an mich, dass ich sein Herz schlagen spürte.

»Ich auch«, gab Marc lachend zu. »Mehr als du! Aber solange du bei mir bleibst, kann mir nichts passieren. Mit dir an meiner Seite bin ich bereit, jeden Berg zu erklimmen!«

»Gut, dann lass uns Bungee springen«, flüsterte ich.

»Berghoch, nicht bergrunter!« sagte Marc, küsste mich, und dann hielten wir einander weiter im Arm, während die Vögel uns ein Gutenachtlied sangen.

Marc

Wenn ich bisher einen Stromausfall erlebt habe, dauerte dieser meist nur wenige Minuten, höchstens ein paar
Stunden und fand gefühlt immer abends statt, sodass
man sich darüber aufregte, seine Lieblingssendung nicht
zu Ende schauen zu können oder dass das WLAN aus-
gefallen war und das sinnlose Switchen nun so viel Da-
tenvolumen verbrauchte. Oftmals hatte es jedoch auch
etwas Romantisches, wenn man statt der Fernsehsessi-
on am Abend einfach ein paar Kerzen aufstellte und sich
intensiven Gesprächen und gemütlicher Zweisamkeit
hingeben konnte. Kurz gesagt, in der Heimat war es mir
immer möglich, den kurzweiligen Stromausfall in eine
positive Erfahrung umzukehren.
Zwischen den Stromausfällen in Südafrika und Deutschland bestehen jedoch große Unterschiede. Neben der
Dauer des Stromausfalls, der sich mit kleinen Unterbre-
chungen mehrere Tage hinzog, war vor allem die Hitze,
der wir nun ausgesetzt waren, mit nichts, was ich bisher
erlebt hatte, zu vergleichen. Denn während es mir schon
in Deutschland häufig zu warm ist und ich in der Eifel
bereits ab März mit T-Shirt und kurzer Hose herumlau-
fe, kann sich kaum ein Mensch vorstellen, wie überhitzt
mein Körper in Südafrika war.
Während der Zeit des Stromausfalls war ich noch immer
für das Reinigen des Paviangeheges eingeteilt. Was meinem Team und mir anfänglich so leicht von der Hand ging,
wurde in den Tagen ohne Elektrizität zu einer Qual, weil
wir alle von den schlaflosen Nächten ausgelaugt waren.

Die Aufgaben schienen sich verdoppelt und die Arbeitsgeschwindigkeit der anderen Helfer halbiert zu haben. Und obwohl wir alle versuchten, das Tempo zu erhöhen, um vor der drohenden Mittagshitze fertig zu werden, arbeiteten wir wie ein Schneckentrupp. Tatsächlich kamen wir so langsam voran, dass das Futter für die Tiere schon eine halbe Stunde bereitstand und wir dieses, neben der eigentlichen Arbeit, auch noch gegen wilde Meerkatzen verteidigen mussten, die das frisch zubereitete Essen erspäht hatten. Immer wieder scheuchten wir sie mit dem Wasserschlauch davon. Was bei den ersten beiden Malen noch recht effektiv war, verlor beim dritten Anlauf seine Wirkung. Die Meerkatzen merkten nämlich, dass wir ihnen beim Verscheuchen nicht gefährlich werden würden, und huschten aus diesem Grund nur hinter den nächsten Busch oder auf das Dach der Station, um dann im nächsten Moment doch eine schmackhafte Papaya aus der Schubkarre zu schnappen. Sei's drum, bei dieser Hitze hatte ich es ihnen gegönnt und war einfach zu erschöpft, um dem Vertreiben noch mehr Nachdruck zu verleihen. Auch das hatten sie sich gemerkt, und daher schaute der wilde Trupp in den kommenden Tagen noch öfter vorbei. Auf den Schlafentzug möchte ich gar nicht weiter eingehen, denn diesen habe ich weitestgehend aus meiner Erinnerung verdrängt – ihr wisst ja, meine Stärke. Ich weiß nur noch, dass es das Schlimmste war, wenn das entspannte Rauschen des Ventilators stoppte und ich nur den Bruchteil einer Sekunde später von einer Hitzewelle überrollt wurde. Aber auch diese Phase fand ihr Ende, und ab dem Zeitpunkt, als die Ventilatoren wieder kontinuierlich zu summen begannen, schmeckte jeder Schluck kalter Fanta doppelt so gut, und ich wusste die heimischen Privilegien noch ein wenig mehr zu schätzen. Wobei ein kleiner Stromausfall auf der Arbeit sicher auch mal ganz entspannend sein könnte.

Ein
UNGEBETENER GAST

Am nächsten Morgen fühlten wir uns wie neugeboren, und als der Wecker mit seiner Gute-Laune-Musik klingelte, sprang ich strahlend aus dem Bett, putzte mir die Zähne und kochte dann Kaffee auf. Die zweite Woche begann mit neuen Aufgaben für Marc und mich. Zu seinem Bedauern waren wir erneut nicht im selben Team während der Morgenroutine, und auch wenn ich ihm versicherte, dass das gut so sei, bockte er ein wenig rum.

»Wie kann es gut sein, wenn ich nicht immer bei dir bin?«, fragte er mich, und alles, was mir dazu einfiel war: »Wären wir jeden Tag rund um die Uhr beieinander, wäre bald einer von uns tot!«

Während ich nun morgens das Gehege der Meerkatzen reinigte, säuberte Marc die Quarantänekäfige. In der Quarantäne sind alle größeren Affen, die neu in die Station kommen. Dort werden sie auf Krankheiten wie Tuberkulose getestet, bevor wir sie in bereits bestehende Gruppen integrieren. Das ist wichtig, damit Krankheiten weder im Gehege noch später bei der Auswilderung auf frei lebende Tiere übertragen werden. Nach anfänglichem Missmut war Marc jedoch sehr begeistert, an diesem Tag etwas Neues zu lernen, und die Tatsache, dass er wieder in einem Team mit Noel war, freute ihn besonders.

»Bis später«, sagte er und drückte mir einen Kuss auf die Wange.

»Viel Spaß«, sagte ich und zog mir meine Gummistiefel an.

Bereits um Viertel vor sieben ging ich zu meiner Station, füllte die Wassereimer auf und summte vor mich hin, während ich einen kleinen Affen nach dem anderen in den Transferkäfig setzte. Als der Rest meines Teams kam, schauten sie mich verwundert an, doch ich grinste nur.

»Wenn ich es nicht besser wüsste, würde ich vermuten, du hättest gestern Nacht einen Heiratsantrag bekommen! Wie kann man nach Tagen ohne Strom und morgens um sieben so gut gelaunt sein?«, lachte Molly, die sich noch immer nicht erholt fühlte.

»Ich habe heute Nacht durchgeschlafen«, schnaubte ich glücklich und zufrieden. Alleine das war nach vielen schlaflosen Nächten ein Geschenk und Grund genug, voller Freude zu sein.

In Gespräche vertieft begannen wir die Zäune des Geheges zu reinigen, schrubbten von Hand die Kletterbalken und mit einer Zahnbürste die Fugen des Bodens. Als alles sauber war, rutschten wir auf allen vieren über den Beton, sangen dabei die besten Hits von Pink und starteten danach einen Mistgabelwettbewerb, als wir Heu holen gingen. Wer zuerst am Heuhaufen war, seine Schubkarre befüllt und zurück am Gehege war, hatte gewonnen. Natürlich durfte man die anderen dabei sabotieren. An diesem Morgen reichte es meinerseits nicht für den ersten Platz.

In Momenten wie diesen, lachend eine Schubkarre vor mir her schiebend, dachte ich daran, dass mir drei Tage Schlafmangel, Stress und Vollzeitarbeiten bereits so aufs Gemüt geschlagen hatten, und fragte mich, wie manche Menschen ihr ganzes Leben im Mangel verbringen konnten. Vielleicht nicht mit Schlafmangel, aber mit Mangel an Bewegung, gesundem Essen oder ohne jahrelang im Wald gewesen zu sein. Anderen wiederum mangelt es an Freude, Lebensenergie oder Spaß. Kein Wunder also, dass die Menschen in Europa mittlerweile oft frustriert, unzufrieden oder genervt sind. Wo sind diejenigen, die Lieblingsgefühle haben, manchmal einen Mutausbruch erleben und die meisten Tage in Frieden und Freude leben? Ich kann es nicht mit Sicherheit sagen, aber ich glaube, viele von ihnen gehen auf Reisen!

Nach getaner Arbeit setzten Molly, Emma und ich uns auf einen alten Baumstamm, legten die Gummistiefel hoch und stießen mit einer Dose gekühlter Fanta auf unser Leben an.

»My love, my love, my love«, sangen wir laut und schief zu dritt. Als Gus an uns vorbeiging, schaute er uns erst entsetzt an und begann dann herzlich zu lachen.

»Kein Alkohol während des Arbeitens«, meinte er grinsend.

»Niemals«, riefen wir, und dann hüpfte der alte Mann mit seinen khakifarbenen kurzen Hosen und seinem beigen Hut davon.

»Genauso will ich auch im Alter sein«, sagte ich und nahm einen Schluck von meiner Fanta.

»Stur, bockig und ausfallend?«, spöttelte Molly und wies mich damit auf Gus' oftmals nicht zu überhörende negativen Charakterzüge hin.

»Ach Quatsch«, erwiderte ich. »Das bin ich doch schon heute. Ich will im Alter noch hüpfen, meinen Mann bedingungslos lieben und jeden Tag zwischen Affen sein. Ich will genau das in meinem Leben getan haben, was ich wollte – egal wie Banane.«

»Das ist ein guter Plan«, sagten die beiden gleichzeitig, und wir stießen auf uns selbst an.

Beim Frühstück schlug ich an diesem Morgen richtig zu und süßte mein Porridge mit Ahornsirup und Obst. Auch hier war die Stimmung wieder viel lebendiger, denn alle unterhielten sich miteinander, was in den letzten drei Tagen kaum der Fall gewesen war. Nachdem wir uns die Bäuche vollgeschlagen hatten, sortierte die gesamte Gruppe einen riesigen Bananenhaufen, der heute angekommen war, und lagerte das ältere Obst noch mal um. Die Bananen aus der letzten Woche, die noch nachreifen mussten, würden nun essbar sein. Daher mussten wir sie ins Kühlhaus bringen, sonst wären sie binnen zwei Tagen verdorben.

Marc, zwei weitere Helfer und ich sollten den großen Haufen mit den reifen Früchten abtragen, während ein anderes Team die neuen Bananen sortierte und wiederum andere diese in der Badewanne wuschen. Ein letztes Team stapelte die Körbe mit dem Obst um. Was nach vielen Helfern klingt, waren tatsächlich auch an die zwanzig Leute, und dennoch brauchten wir den ganzen Morgen für die Arbeit. Kurz bevor wir fertig waren, schrie die Helferin, die uns gegenübersaß jedoch panisch los.

»Schlange!«

Wir alle machten einen Satz zurück. Denn am gefährlichsten ist eine Schlange, wenn man sie nicht sieht und dadurch versehentlich bedroht oder einengt. Eigentlich sind die Tiere vor allem Menschen gegenüber sehr friedlich. Es sei denn, sie fühlen sich bedroht, weil man sie übersieht und so auf sie tritt oder sie erschreckt. Daher verschafften wir uns erst einmal Distanz, um einen Überblick über die Situation zu bekommen. Das Wichtigste war nun, das Tier zu finden. Irgendwo in den restlichen Bananen musste es sich versteckt haben. Alle anderen Helfer kamen nun auch gelaufen, und Jasmin fragte das Mädchen, das die Schlange gesehen hatte, wie groß sie war.

»Etwas dicker als mein Finger und vielleicht einen halben Meter lang«, sagte sie zitternd.

Dann zog Jasmin an einem Ende der vier Meter langen Plane und ich am anderen. Die Bananen kullerten runter und mit ihnen eine kleine Schlange. Das Tier war tatsächlich nur um die 40 Zentimeter, doch der schwarze Rücken, der schneeweiße Bauch und die Größe sprachen für eine Schlangenart, die mir und Jasmin bereits bekannt war: eine Erdviper.

»Alle zurück!«, rief Jasmin, denn auch wenn der Biss dieser Schlange in der Regel nicht tödlich ist, hat sie ein sehr starkes Gift, das unter anderem zu einer Nekrose führen kann. Das heißt, dass die Haut und Gliedmaßen um den Biss abzusterben beginnen. Das Tier, was durch die Anwesenheit so vieler Menschen vermutlich sehr gestresst war, zischte in unsere Richtung, ehe es davonkroch.

Danach waren alle Helfer sehr viel vorsichtiger, und keiner fasste mehr blind in den Bananenhaufen. Etwas achtsamer bei der Arbeit zu sein war aber keine schlechte Idee, denn viel zu schnell vergisst man, dass man in Südafrika zwischen wilden Affen, giftigen Schlangen und gefährlichen Raubtieren arbeitet.

»Das war schon die zweite Schlange«, sagte Marc bestürzt. »Du hast mir nie erzählt, dass hier so viele Schlangen sind, als du alleine in Südafrika warst. Hast du das mit Absicht ausgelassen, damit ich mir keine Sorgen mache?«, fragte er skeptisch.

»Vielleicht, vielleicht auch nicht. Aber da wir ja jetzt wissen, wie wichtig Schlaf ist, wollte ich nicht für noch mehr schlaflose

Nächte sorgen«, sagte ich und gab ihm einen Kuss, der seinen skeptischen Blick jedoch nicht milderte.

»Was soll ich nur mit dir machen? Du bist frecher, als die Polizei erlaubt«, ermahnte er mich mit zusammengezogenen Brauen. Dieser Polizeiwitz ist ein absoluter Insider zwischen uns, da Marc selbst Kriminalbeamter ist und ich ihn immer damit aufziehe, dass er mich nicht unter Kontrolle hat.

»Einfach nur lassen. Damit bin ich zufrieden«, erwiderte ich mit einem Lächeln. Dann hüpfte ich freudig davon, um die restlichen Körbe zu sortieren, ins Kühlhaus zu tragen und beim Aufräumen zu helfen. Denn da wir durch den ungebetenen Gast etwas Zeit verloren hatten, mussten wir uns nun beeilen. Der *baboon walk* stand an, und die Affen waren sehr an ihre Routine gewöhnt. Aus diesem Grund bildeten wir einen sogenannten *volli train*. Einen Zug aus Helfern, sodass wir die Körbe von der Badewanne, in der wir das Obst wuschen, bis ins Kühlhaus einfach nur weiterzureichen brauchten. Hand in Hand war die Restarbeit schnell erledigt, und mit einer kleinen Verspätung zogen wir unsere Poo-Shirts an und marschierten los.

Marc

Nach der Neueinteilung der morgendlichen Arbeiten war ich für die Quarantänestation vorgesehen. Hier galt die Regel, einen topmodischen Ganzkörper-Schutzanzug zu tragen, um Krankheitsübertragungen zu verhindern. Das heißt, neben der Übertragungsvorsorge wurde auch gewährleistet, dass einem bei 40 Grad Außentemperatur nicht kalt wird und man in einem XXL-Khaki-Anzug direkt auf jedem Laufsteg der Welt eine super Figur abgeben würde.

Meine Aufgabe war es zunächst, nach dem Anlegen der Schutzkleidung alle Tiere, die in Quarantäne waren, in kleine Transferkäfige zu locken und diese dann nach draußen zu tragen. Was bei sechs Affen zunächst nach nicht viel Arbeit klingt, war jedoch mitunter äußerst zeitaufwendig, da die Tiere schon ausgewachsen waren. Und wie ich bereits die Woche zuvor hatte lernen dürfen, ließen sich die Großen nicht mehr so leicht austricksen wie die Babys. Viel Einfallsreichtum, die leckersten Früchte und gute Reflexe waren gefragt, um die Schiebetür schnell zu schließen, wenn der Affe sich dann doch kurz in den Transferkäfig getraut hatte, um seine Lust auf die Papayas zu stillen. Auf der Arbeit würden wir es eine kriminalistische List nennen.

Bei einer Meerkatzendame war jedoch jegliche Bemühung vergebens. Malin durchschaute unser Vorhaben direkt und war nicht einen Zentimeter zu bewegen. Also entschlossen wir uns, den Käfig zu reinigen, während sie drinsaß. Hierbei war Teamwork angesagt. Noel behielt sie im Auge und lenkte die Diva ab, während ich so schnell wie möglich putzte. Das hätte ich mich zu Beginn definitiv nicht getraut, aber auch ich gewann nach und nach ein Gefühl für die Affen und ihr Verhalten.

Nach fünfzehn Minuten war das Gehege wieder blitzblank, und wir klatschten einander ab. Da auch Malin alles ganz ruhig über sich hatte ergehen lassen, bekam auch sie ihr High Five in Form von einer Papaya. Die nächsten

Tage kannte Malin unser Vorgehen bereits. Beim Reinigen setzte sie sich bereitwillig in eine Ecke und forderte hinterher ihre Belohnung ein.

Weniger Tricks konnten beim Sortieren der Bananen angewandt werden. Als der völlig überfüllte Truck um die Ecke fuhr, kullerten links und rechts immer wieder Bananen herunter, und als der Fahrer abbremste, fiel ein Haufen Früchte von der Ladefläche. Das bedeutete nichts Gutes!

Zu allem Überfluss musste ich auch noch die herangereiften Bananen sortieren. Manche von ihnen schienen jedoch schon zu reif und waren innerhalb von zwei Tagen unter der Plane verdorben. Durch meine Arbeit als Polizist habe ich schon so einiges gesehen, aber nichts ist für mich so ekelerregend wie verdorbene Lebensmittel. Daher ist Michi zu Hause auch für den Biokompost zuständig. Ich würde eher umziehen, als ihn wegzubringen.

»Wie kann man sich nur so bei ein paar zu weichen Bananen anstellen, wenn man keine Probleme damit hat, Tote zu identifizieren«, zog Michi mich auf und hatte tatsächlich recht. Die Obduktion und Identifizierung Toter empfand ich in den meisten Fällen sogar spannend. Aber einer schimmelnden Banane konnte ich nichts abgewinnen.

Ein vorbeifliegender Klumpen Bananenmatsch riss mich aus meinen Gedanken, und als ich das freche Lachen von Michi sah, hatte ich den Übeltäter identifiziert. Auch wenn ich mich dafür gewaltig revanchieren wollte und mir bereits eine fiese verschimmelte Banane rausgesucht hatte, die ich für die Rache sogar bereit war anzufassen, musste meine Retourkutsche aufgrund der Schlangensichtung leider verschoben werden. Nachdem dieses Tier sich zum Glück von alleine verkrümelt hatte, räumten die meisten Helfer die letzten Reste um, während Noel und ich von einem weiteren kleinen Truck Melonen abluden. In Windeseile warfen wir einander die Melonen zu und lagerten sie in Körben und brachten sie danach ebenfalls ins Kühlhaus. Gerade als ich eine der letzten aufheben wollte, bewegte sich etwas neben mir. Etwas langsamer als die Schlangen, die ich bisher gesehen hatte, dafür aber deutlich größer. Es war eine wild lebende Schildkröte, welche ihren langen Hals aus dem Panzer reckte und nicht so recht zu wissen schien, wo sie sich gerade befand. Sie schaute mich friedlich an – so, als hätte ich sie gerade aus ihrem Mittagsschlaf gerissen. Dieser ungebetene Gast war mir deutlich lieber als die Schlangen!

Wie
VERSPROCHEN

Mittlerweile hatten nicht nur Marc und ich, sondern auch die Affen eine feste Routine. Sobald wir zum *baboon walk* aufbrachen, kam Tyga in Marcs Arme gesprungen und kuschelte sich an seinen Bauch. Penny landete nach einem kleinen Galopp mit einem Satz auf meinem Kopf, während Rosie es sich auf meiner linken Hüfte bequem machte. Auch mit Marc wurde das kleine Affenmädchen langsam warm. Zwar waren die beiden noch immer nicht die besten Freunde, doch aus Rosies panischem Jammern war mittlerweile ein skeptisches Begutachten geworden – ein Zeichen von Annäherung. Sie betrachtete Marc und entschied jedes Mal, dass man sich ihm einen Zentimeter mehr nähern konnte. Vor allem unten am Pool konnte man ihre kleinen Kontaktversuche gut beobachten, denn sie ging immer zwei Schritte vor, einen zurück, blieb stehen und sprang dann schimpfend in meinen Schoß. Aber nicht nur Rosie fand Marc unheimlich, auch die anderen Babys wurden, wie bereits erwähnt, nicht recht warm mit ihm, mit Ausnahme eines kleines Mädchens, das sehr von Marc angetan zu sein schien. Ihr Name war Lila, und hin und wieder kam sie zu Marc gelaufen, um ihn zu berühren. Das kostete sie jedoch so viel Überwindung, dass sie ihn vor Nervosität anpinkelte, ehe sie davonlief.

»Ich verstehe gar nicht, warum die ganzen Babys mich gruselig finden und dich nicht«, sagte Marc, als er wieder ein Baby mit seiner Anwesenheit zu Tode erschreckt hatte.

»Du bist halt ein Mann. Alleine das – deine tiefe Stimme, dein Körperbau und deine Art – reicht, damit die Kleinen dich nicht ganz geheuer finden. In der Wildnis ist das nicht anders. Besonders dominante Männchen meiden die Jungtiere eher, da sie für sie unter Umständen auch eine Bedrohung darstellen könnten. Nicht selten werden bei der Übernahme der Truppe durch ein neues Alpha die Babys getötet. Ihre Skepsis Männern gegenüber ist daher natürlich und berechtigt. Weibchen hingegen kümmern sich gegenseitig um ihren Nachwuchs, und es kann sogar vorkommen, dass ein Weibchen ein fremdes Baby säugt oder adoptiert, wenn die Mutter stirbt. Das ist leider nicht immer der Fall, aber durchaus möglich. Ich bin also eine Ersatzmama, und du bist eben das potenziell gefährliche Alpha«, erklärte ich Marc.

»Aber eigentlich bist du doch das Alpha«, sagte Marc irritiert.

»Ich kann eben beides sein«, konterte ich und widmete mich dann wieder Lila, Rosie und Luna, die gerade alle in meinem Schoß saßen und meine Aufmerksamkeit forderten. Aus dem Augenwinkel sah ich, wie Marc mich noch eine Weile betrachtete, bis er sich wieder in den Sand legte und von Tyga kuscheln ließ. Mit geschlossenen Augen schmunzelte er zufrieden vor sich hin, und ich wusste, dass er glücklich war – selbst wenn die Babys ihn noch nicht ins Herz geschlossen hatten. Und genau das machte auch mich glücklich.

Die Stunde am Fluss verging wieder viel zu schnell, und als ich Marc und Tyga weckte, schauten die beiden mich verdutzt an.

»Schon?«, murmelte Marc.

»Ja«, sagte ich und küsste ihn sanft auf die Stirn. Für Tyga war das scheinbar die Aufforderung, mir auch einen Schmatzer zu geben. Jeder Affe hat seine Eigenarten, und während Rosie den Helfern immer in die Nase biss, knutschte Tyga mit jedem rum. Sobald man die Lippen spitzte, kam er gelaufen und küsste die Person. Aber als wäre das nicht noch genug, beließ er es häufig nicht bei einem einfachen Kuss. Vielmehr versuchte er, mit aller Gewalt seine Zunge in den Mund zu stecken. Manche Spötter aus unserem Team meinten, das hätte er sich bei mir und Marc abgeschaut, aber tatsächlich war Tyga bereits vor unserer Ankunft eine Knutschkugel gewesen.

Der kleine freche Küsser sprang also auf, packte meine Ohren und drückte mir einen Schmatzer auf die Lippen. Danach kuschelte er sich wieder zufrieden an Marc, der ihn zurück zum Gehege trug.

Wir waren gerade auf der Hälfte des Rückwegs, als zwei Affen direkt neben Marc zu schreien begannen: Abigail und Miles. Abigail biss Marc sehr fest ins Bein und startete einen Mob – ohne Grund, einfach um ihm seinen Rang streitig zu machen. Denn Marc hatte wieder einen sehr stabilen, ranghohen Platz eingenommen, was Abigail so gar nicht passte.

Alles ging ganz schnell. Nachdem Abigail zum ersten Mal zugebissen hatte, kamen die großen Jungs Link und Hamish gelaufen, um sich auf Abigails Seite zu schlagen. Tyga löste sich aus Marcs Armen und sprang vor Angst davon. Nun setzte Abigail zu einem zweiten Schnapp an, doch Marc war schneller. Er packte sie, bevor sie ihn beißen konnte, drückte mit einer Hand ihren Nacken zu Boden und ergriff mit der anderen Hand ihren Schwanz. Dann biss er rein, und Abigail begann zu schreien. Währenddessen fing ich Link und Hamish ab, die Abigail helfen wollten. Als ich Hamish schnappte, zu Boden drückte und biss, lief Link, ohne einen Angriff auch nur zu versuchen, fort. Keine Sekunde später packte ich Miles, der gerade auf Marc zulief, am Schwanz und wollte ihn runterdrücken, als Marc sich erhob und plötzlich laut, mit tiefer Stimme und selbstbewusst »NEIN!« brüllte.

Sogar ich erschrak vor seiner kraftvollen, dominanten Energie, und alles war still. Miles rannte davon, und auch die anderen Affen hielten Abstand zu Marc, der schwer atmend und in Kampfhaltung vor der Truppe stand. Er hatte alle in die Flucht geschlagen.

›Wow‹, dachte ich. ›Das ist mein Alpha!‹

Natürlich war ich sein Back-up gewesen und hatte ihm für seinen Kampf mit Abigail den Rücken freigehalten, aber am Ende hatte er sich seinen Rang erkämpft. Selbstbewusst hatte er seine Rivalin ein für alle Mal besiegt und damit – es mag komisch klingen – mein Herz erneut erobert.

Es wäre gelogen zu sagen, dass ich kein romantischer Mensch bin. Ich bin romantisch, denn Romantik bedeutet für mich, jemandem gegenüber auf ganz individuelle, persönliche Weise meine Gefühle auszudrücken oder mit jemandem einen ganz persönlichen, gefühlvollen Moment zu verbringen. Für manche mag das mit Blumen funktionieren, für andere wiederum mag ein gemeinsames Essen romantisch sein. Aber das Romantischste, was ich in meinem bisherigen Leben erlebt habe, ist ein Rangkampf mit meinem Mann. Denn nie haben wir verbundener, intensiver und besser als Team zusammengearbeitet als in diesem Moment, als ich meinen

Mann zum Alpha machte. Und alles, was ich ihm danach sagen konnte, war ein über beide Ohren verknalltes: »Ich liebe dich!«

Nach dieser Liebeserklärung begann ich wie ein Honigkuchenpferd zu grinsen, noch immer in einer anderen Welt, denn mein Herz machte hundert Saltos und Luftsprünge. Immer wieder rief es mir zu: »Ich habe es dir von vornherein gesagt: Er ist dein Traummann.«

»Alles gut, Schatz?«, fragte Marc mich völlig außer Atem und legte die Hand auf meine Schulter. Über seine Finger konnte ich seinen Puls spüren, der noch immer deutlich erhöht war.

»Ja«, keuchte ich und kam langsam zurück. »Ja.« Ich blickte Marc tief in die Augen. Nach einer weiteren Sekunde begann ich laut zu quietschen.

»JAAA, alles perfekt!«, rief ich und warf mich in Marcs Arme, um ihn zu küssen. Gemeinsam drehten wir uns im Kreis.

»Komm«, sagte Marc lächelnd und setzte mich ab. Dann folgten wir dem Rest der Truppe.

»Dir gefällt es wohl, wenn ich gemobbt werde«, sagte Marc belustigt.

»Nein.« Ich schüttelte den Kopf. »Aber was könnte es jemals Schöneres geben, als der Back-up seiner großen Liebe im Rivalenkampf zu sein?«, fragte ich verliebt.

»Ähm, gar nicht erst angegriffen zu werden?«, sagte Marc lachend.

»Ach, du bist langweilig. Erst die kleinen Herausforderungen machen das Leben doch lebenswert«, erwiderte ich.

Dann griff Marc meine Hand, und wir schlenderten zum Gehege. Nach und nach kehrten auch unsere Babys zurück. Bis auf Rosie waren sie nämlich alle davongelaufen, um sich in Sicherheit zu bringen.

»Du treulose Tomate«, begrüßte ich Penny, die kichernd angelaufen kam und auf meinen Kopf sprang, während Marc sich Tyga zurückeroberte, nachdem der Affe das Weite gesucht hatte. Als kleine, glückliche Familie trotteten wir nun zurück zur Farm, wo es für die beiden Großen zurück ins Gehege ging, während Rosie weiter bei uns blieb.

»Das war sooo toll!«, schwärmte ich und strahlte erneut von einem Ohr zum anderen.

»Danke«, sagte Marc und nahm mich und Rosie in den Arm.

»Wofür?«, frage ich verdutzt.

»Du warst wirklich der beste Back-up, den ich mir hätte wünschen können«, flüsterte er mir ins Ohr.

Ich schloss die Augen und genoss das Kribbeln und die Schmetterlinge, die durch meinen Körper flatterten. Dankbar atmete ich tief ein und aus, ehe ich zurückflüsterte: »Wie versprochen!«

Marc

Ich wusste, irgendwann würde der Moment kommen, an dem ich mich Abigail stellen musste. Ich wusste nur noch nicht genau, wann es sein würde. Michi hatte mir zwar mehrfach erklärt, wie ich mich gegen die aufmüpfigen Affen zur Wehr setzen und wie ich meine Stellung gegen sie behaupten konnte, doch bis jetzt war ich entweder zu überrascht von der Situation oder einfach nicht reaktionsschnell genug gewesen. Das sollte sich jedoch ändern – zu einem Zeitpunkt, in dem ich schon fast gedacht hatte, Abigail hätte das Kriegsbeil begraben!

Auf dem Rückweg vom *baboon walk* huschte sie, wie die anderen Affen, um uns Freiwilligenhelfer herum und blieb immer wieder kurz vor mir stehen. Komischerweise hielt sie die Arme hoch und versuchte dabei, nach meiner Hand zu greifen. Es machte gar den Anschein, als ob sie von mir hochgehoben werden wollte. Doch weit gefehlt! Gerade als sich mein Misstrauen gegen sie ein wenig legte, schnappte sie plötzlich zu. Doch dieses Mal war ich schneller als sie. Da Tyga aus meinem Arm sprang, hatte ich beide Hände frei, um Abigail mit einem flinken Griff zu packen und zu Boden zu drücken. Sie schrie, doch ich ließ mich nicht beirren. Selbstbewusst biss ich ihr in den Schwanz, um sie zu dominieren, wodurch sie sich vor Schreck anpinkelte. Damit hatte sie wohl nicht gerechnet!

Fluchend rannte sie davon und hielt ab sofort immer ausreichend Abstand zu mir. Um den Rest der Truppe kümmerte sich meine Frau, doch um meinem Biss noch etwas Nachdruck zu verleihen und dem Affentheater ein für alle Mal ein Ende zu bereiten, gab ich ein lautes, tiefes »WAHO« von mir. Nicht nur die gesamte Truppe inklusive Helfer hielt überrascht inne, sondern ich erschrak vor mir selbst – dem sonst so ruhigen und besonnenen Mann.

»Das hat sich angefühlt, als hätte ich nie etwas anderes gemacht«, waren meine ersten Worte zu Michi, die mich nur verliebt anstrahlte, ehe ich mich bei ihr bedankte. Denn ich war heilfroh, dass ich mich auf sie als erfahrenen Back-up verlassen konnte. Bei meiner ersten Affenunterwerfung hat mir ein Affe vollkommen ausgereicht. Und auch wenn Michi mich in dem Moment zum Alpha

krönte, so war ich mir sicher, dass die Affen sie noch immer mehr achteten. Sie war einfach eine von ihnen! Doch
auch ich fühlte mich der Truppe mit jedem Tag, mit jedem *walk* und mit jedem Rangkampf ein Stück mehr zugehörig, nicht zuletzt auch wegen des Geruchs, den ich
so langsam annahm.

Team -
WORK

Zusammen mit Rosie auf meinem Arm schlenderten Marc und ich in den Aufenthaltsraum, und als uns auf dem Weg dorthin eine riesige Gottesanbeterin begegnete, flippte ich aus.

»Marc, sieh mal!«, rief ich und zeigte auf das große Insekt.

»Sollen wir sie für Frances fangen?«, fragte Marc.

»Jaaaaaaaaaaaa«, sagte ich und klatschte in die Hände, und zu dritt machten wir uns auf die Pirsch. Das große grüne Insekt versteckte sich immer wieder im Gras, wo wir es kaum fangen konnten, bis es schließlich in unseren Aufenthaltsraum flüchtete. Damit war sein Schicksal besiegelt. Wie zwei Detektive schlichen Marc und ich in die Hütte, die übrigens mehrere Meter hohe Wände hat, und erblickten das große grüne Insekt an der Decke.

»Mist«, ärgerte sich Marc.

»Wieso? Ich stell mich auf deine Schultern, und dann fangen wir das Biest!«, meinte ich übermütig.

»Bist du sicher?«, fragte Marc, und ich nickte. Dann löste ich Rosie unter Geschrei von mir und setzte sie auf Marcs Fuß, ehe ich auf seine Schultern kletterte und wir uns dem Insekt näherten. Als wir genau unter dem Tier standen, stellte ich mich auf den Schultern auf und Marc presste meine Schienbeine gegen seinen Kopf. Leider waren wir gefühlt einen Zentimeter zu klein, sodass ich begann, ganz langsam mein Gewicht auf die Zehenspitzen zu verlagern. Völlig auf das Insekt fokussiert, hatte ich nur diese eine Chance. Langsam, aber zielsicher näherte sich meine Hand, und dann schnappte ich zu und begann im selben Moment zu kreischen.

Ich hatte sie tatsächlich gefangen!

»Was um Himmels willen macht ihr da?«, fragte Noel uns entsetzt, als er mit seiner Kippe im Mund den Aufenthaltsraum betrat.

»Insekten fangen«, rief ich und winkte ihm mit der Gottesanbeterin zu, während ich noch immer auf Marcs Schultern stand und mich freute.

Erst schüttelte er den Kopf und legte sich dann fassungslos die Hände vors Gesicht. Doch als er sah, wie routiniert Marc und ich agierten, sagte er stolz: »Das ist mein Team!«

Er machte auf dem Absatz kehrt und verließ den Aufenthaltsraum, kam aber nach zwei Sekunden verwirrt zurück.

»Das hat mich echt aus dem Konzept gebracht. Was wollte ich denn noch mal?«, fragte er ganz durch den Wind.

»Weiß ich nicht«, sagte ich, ehe ich von Marcs Schultern sprang und ihm das riesige Insekt präsentierte.

»Booooooah«, rief er nur, und wir beide jubelten los.

»Die müssen wir später Frances bringen, sofern er zufällig wach ist«, sagte ich, nahm Marc bei der Hand und lief hoffnungsvoll los. Das Buschbabygehege war keine zwei Minuten Fußmarsch entfernt, und doch schaffte es die riesige Gottesanbeterin in dieser Zeit, mich blutig zu kratzen mit ihren scharfkantigen Beinen.

»Ich hoffe, Frances ist wach«, sagte ich zu Marc, als wir sein kleines rotes Gehege bereits sehen konnten. Denn nur wenn er wach wäre, könnten wir ihn jetzt füttern. Andernfalls mussten wir bis abends warten, und das wäre schwer, da die Gottesanbeterin die anderen Insekten in der Box töten würde.

Und tatsächlich war Frances auf den Beinen und saß am Gitter, als hätte er nur darauf gewartet, dass wir ihm einen »Buschbaby-Mitternachtssnack« um zwölf Uhr mittags servierten. Wegen der verdrehten Rhythmen war für ihn ja gerade mitten in der Nacht. Vorsichtig steckten wir ihm die Gottesanbeterin durch die Tür, und Frances kam in Zeitlupe getrottet. Als er direkt vor dem Insekt saß, drehte er seinen Kopf langsam nach links, dann nach rechts, kratzte sich hinterm Ohr, und urplötzlich schnappte er zu.

»Wooow«, rief Marc lachend.

»Da steckt ja doch noch ein wenig Lebensenergie in dem dicken, alten Buschbaby«, meinte ich kichernd.

Mit dem Insekt im Mund verkrümelte Frances sich wieder in seine Ecke, und nachdem er das Tier verspeist hatte, vergrub er seinen kleinen Kopf wieder in seinem dicken buschigen Körper und schlief weiter.

»Wir sollten ihn jetzt schlafen lassen«, flüsterte ich.

Nun war es Zeit, dass wir uns um unser Mittagessen kümmerten, bevor die Pause wieder vorbei war. Im Aufenthaltsraum angekommen, schmierten wir uns zwei Toasts mit Marmelade, und machten es uns dann draußen auf den Plastikstühlen im Aufenthaltsraum bequem. Da Noel allen von unserer akrobatischen Einlage erzählt hatte, fragten die anderen uns, wo wir das gelernt hätten.

»Wir tanzen zusammen«, erklärten wir. Und da wir das bereits seit gut zwei Jahren taten, hatten wir schon so einige Hebefiguren in petto. Diese akrobatischen Fertigkeiten sollten uns in den kommenden Tagen noch sehr oft eine große Hilfe sein. Angefangen beim Waschen und Wiegen an diesem Nachmittag.

Wenn wir die kleinen Meerkatzen wuschen, wurde jedes Baby zuerst gewogen, um sein Wachstum und sein Körpergewicht zu dokumentieren. Danach wurde der kleine Affe in den großen gelben Badeeimer gesteckt und von oben bis unten gründlich gewaschen. Da die Babys sich gegenseitig noch nicht sauber halten können, ist das in den ersten Monaten notwendig, damit keine Krankheiten entstehen und das Fell nicht verfilzt. Was auf den ersten Blick spaßig aussehen mag, ist in Wahrheit eine Riesenherausforderung, für die man ein dickes Nervenkostüm braucht. Denn die kleinen *vervets* (so ihr englischer Name) ließen sich nicht nur ungern fangen und veralberten die Helfer am laufenden Band, nein, sie bissen und kratzten auch noch unentwegt, sobald man sie einmal in die Finger bekam. Und wenn es dann ans Baden ging, quietschten sie die ganze Zeit und versuchten mit aller Gewalt zu fliehen.

An diesem Nachmittag gelang es nicht nur einem Baby zu fliehen, sondern mehr als zehn Tiere entwischten uns, als eine andere Helferin eine Meerkatze zurück ins Gehege setzen wollte und dabei ganz viele andere freiließ. Frech sprangen die Meerkatzen durch die Bäume und hopsten schneller davon, als wir laufen konnten. Nachdem zehn Helfer die Ausreißer für mehrere Minuten jagten, kauerten sich alle Babys auf dem Dach ihres Geheges zusammen und bildeten einen *vervet train*. Bei einem *vervet train* kuscheln sich alle Babys zusammen zu einem Haufen, um sich sicherer zu fühlen.

Diese Aktion war ganz schön clever, denn das Dach war über zwei Meter hoch, und so beobachteten uns die kleinen frechen

Meerkatzen, wie wir um das Gehege liefen, aber nicht an sie herankamen. Provokant kamen einzelne sogar immer wieder an den Rand gelaufen, nur damit ein Helfer hochsprang und versuchte sie zu greifen. Natürlich ohne Erfolg.

»Jetzt reicht's«, sagte ich, und Marc nickte mir zu. Ganz routiniert setzte ich mich auf seine Schultern und sagte den Ausreißern damit den Kampf an. »Die Spielstunde ist vorbei!«

Mit mir auf seinen Schultern lief Marc um das Gehege herum, während ich ein Baby nach dem anderen fing. Damit hatten sie wohl nicht gerechnet, denn die letzten vier Meerkatzen kamen sogar freiwillig in meinen Arm gesprungen. Lachend gab ich den Affenhaufen an Noel weiter, der mal wieder völlig sprachlos war.

»*Awesome*«, nuschelte er, als er die letzten Ausreißer annahm. Dann stieg ich von Marcs Schultern und zwinkerte ihm zu.

»Wir sind die besten Affeneltern überhaupt«, flüsterte Marc verlegen in mein Ohr, und ich begann zu kichern.

»Auf jeden Fall!«

Jasmin bedankte sich vielmals bei uns und gab uns direkt im Anschluss eine Aufgabe, für die wir »wie geschaffen« seien. Marc und ich ahnten Übles, aber solange wir zusammen waren, würden wir jeden Mist wegschrubben.

Tatsächlich war es am Ende gar kein so großer Mist, denn wir sollten nur einige Bäume beschneiden. Richtung Fluss an den großen, sehr naturbelassenen Semi-Wild-Gehegen hingen nämlich leider einige Äste im elektrischen Zaun, die immer wieder für einen Kurzschluss sorgten. Unsere Aufgabe war es, die Äste zu kürzen, während Jasmin für eine Weile den Strom abstellte.

»Denkt ihr, ihr bekommt das hin?«, fragte sie etwas besorgt.

»Klar. Ich sitze ja nur obendrauf und schneide Äste. Das ist absolut kein Problem«, versicherte ich ihr.

Erfreut über diese coole Aufgabe schnappte sich jeder von uns eine Machete, ehe wir, wie Indiana Jones, auf Entdeckungstour gingen.

Auf dem Weg zum Main Camp, wie das Gehege der großen Paviane hieß, betrachteten Marc und ich die Natur und die Tiere, die uns allein auf diesem kurzen Stück begegneten. Wilde Affen, die sich gerade über das Obst auf unseren Feldern hermachten. Große gelbe Schmetterlinge, die immer wieder durch unser Sichtfeld flatterten. Eine riesige Heuschrecke, die Marcs und meinen Jagdinstinkt weckte, und die warme Sonne, die unsere Haut bräunte.

Ich atmete ganz tief durch die Nase ein, um meine Lungen mit frischer Luft zu füllen, und Marc tat es mir gleich. Dann blieben wir stehen, blickten uns an und nahmen einander in den Arm. Ich spürte an meiner Wange, wie Marc zu grinsen begann, und er musste auch mein Strahlen fühlen.

»Ich bin so glücklich«, sagte ich und unterbrach damit das himmlische Schweigen. Ganz aufgedreht vor Freude begann ich wild zu hüpfen und sprang Marc in die Arme. Doch er hielt mich einfach nur fest, drückte mich an sich und sagte nichts. Immer wieder atmeten wir tief ein und aus. So schafften wir Platz für wunderschöne Gefühle und besondere Erinnerungen – jeder von uns auf seine Weise.

Denn mein liebstes Gefühl ist Lebensfreude, während Marc den Frieden in sich trägt. Und die Liebe ist es, die uns verbindet. Auf dieser Sprachebene kommunizieren wir und nähern uns so einem friedlichen, lebensfrohen Miteinander voller Abenteuer, Affen und Glückseligkeit an. Mit Momenten wie diesen vervollständigen wir unser Mosaik des Lebens.

»Uuuund los«, rief ich, befreite mich aus Marcs Armen und lief los. Wann immer mich die Freude überkommt, breite ich meine Arme aus und lasse den Wind durch meine Kleidung wehen. Meine Kleider und die Locken flattern dann immer im Wind, und Marc liebt es, mich so wild und frei zu sehen – als würde ich fliegen.

Entspannt spazierte er mir nach, und als ich ihm bereits ein gutes Stück voraus war, lief ich zurück, nahm ihn bei der Hand und zog ihn mit. Gemeinsam rannten wir lachend zum Main Camp. Das war einer der perfekten Momente unseres Lebens!

Als wir unten am Gehege ankamen, hatte Jasmin den Strom bereits abgeschaltet, und Marc und ich konnten direkt loslegen. Gekonnt setzte ich mich auf seine Schultern und stutzte die Äste mit der Machete. Mit manchen war es ganz simpel, doch andere waren sehr dick und widerspenstig, sodass es für uns beide anstrengender war als gedacht. Zudem hatten wir nicht im Hinterkopf gehabt, dass das Gehege ein Hektar groß war. Es einmal rundherum freizuschneiden war damit doch eine Heidenarbeit, die nicht in einem Tag zu schaffen war. Die abgeschnittenen Zweige warfen wir ins Semi-Wild-Gehege der Paviane, damit die Affen die Blätter essen und die Überreste kompostieren konnten. Gegen halb vier kam Jasmin, um Marc und mich zu holen, da wir bei der Nachmittagsfütterung helfen sollten. Bis dahin hatten wir gerade einmal die Hälfte geschafft und waren dennoch schon ganz schön aus der Puste. Gleichzeitig waren wir aber auch sehr dankbar, denn es war ein wunderschöner Nachmittag gewesen. Mal nur zu zweit und ganz in Ruhe, zwischen Affen und Bäumen. Tatsächlich waren es genau diese kleinen Momente, die den harten Arbeitsalltag doch noch zu Flitterwochen machten. Zu den besten Flitterwochen, die wir uns hätten wünschen können!

Als hätten wir nie etwas anderes getan, schnitten wir das Obst für die kleinen Meerkatzen, die eben gebadet worden waren, und arbeiteten Hand in Hand, sodass wir zügig fertig waren. Währenddessen warfen Marc und ich einander immer wieder verliebte Blicke zu. Mit jedem Tag, den wir in Südafrika verbrachten, wurden wir ein besseres Team.

Eineinhalb Wochen zuvor wäre das noch denkbar unmöglich gewesen, denn auch wenn uns die Begeisterung für die Tiere und die Natur verbindet, sind wir in manchen Dingen unterschiedlicher als Tag und Nacht. Während bei mir immer alles schnell, schnell, schnell gehen muss, ist Marc die Ruhe in Person. Das beginnt beim Spazierengehen und endet beim Lesen. Gefühlt mache ich alles doppelt so schnell wie Marc. Dementsprechend kurz ist mein Geduldsfaden.

Nach Feierabend schnitten Marc und ich einen weiteren Teil des Main Camp frei. Zum Glück kühlte es mehr und mehr ab, was das Arbeiten etwas angenehmer machte. Allerdings erreichten wir nun die Rückseite des Geheges, die wesentlich zugewucherter war als die Vorderseite. Marc und ich kämpften uns durch das dichte Gestrüpp, doch da kaum ein Durchkommen war, musste ich auch immer wieder absteigen und nach ein paar Metern zurück auf seine Schultern klettern. Die rangniedrigen Affen, die dicht am Zaun saßen, beobachteten uns skeptisch und verdutzt, weil sie unser Verhalten so interessant fanden. Wenn wir ihnen dann noch die saftigen Äste hinwarfen, legten sie die Ohren an und giggelten wie wild los.

»Soooo schön«, murmelte ich immer wieder vor mich hin. Diese Tiere faszinierten mich so sehr, und neben Lebensfreude und Mut war Faszination eines der Gefühle, was mich am meisten erfüllte. Ich liebe es, Dinge anzusehen, die mich beeindrucken. Seien es kleine Käfer, schöne Blumen oder verrückte Affen. Die einfachsten Dinge können große Gefühle in mir auslösen.

Nach gut einer halben Stunde waren Marc und ich völlig durchgeschwitzt. Glücklicherweise hatten wir nun nur noch ein Viertel vor uns, und dieses war wieder viel leichter zu erreichen. Daher waren wir nach einer weiteren halben Stunde endlich fertig. Als er mich runterließ, sah er aus, als würde er gleich kollabieren, denn gut eine Stunde an die sechzig Kilo zu tragen, war wirklich eine absolute Meisterleistung.

»Beim nächsten Mal machen wir es andersrum«, versuchte ich ihn mitfühlend aufzumuntern, und er nickte, während er gierig unsere Zwei-Liter-Flasche mit Wasser leerte.

»Zum Glück gibt es aber nur ein Main Camp«, sagte er, nachdem er die Flasche abgesetzt hatte.

»Zum Glück!«, stimmte ich lachend zu. Dann gaben wir einander ein High Five und setzten uns vor den Zaun. Ein paar weitere Weibchen kamen an den Rand und begutachteten uns skeptisch, während sie die Blätter der Äste aßen, die wir ihnen ins Gehege geworfen hatten.

Nach einer kurzen Pause im Schatten standen wir auf und trotteten dann mit Machete, Heckenschere und geleerter Wasserflasche zum Haupthaus. Dieses Mal hatten wir weniger Aufmerksamkeit für die Umwelt und schnaubten einfach nur erschöpft vor uns hin, denn die staubige Straße reflektierte die Hitze. Wir waren von oben bis unten schweißgebadet, und ich hatte sogar in meinen langen Wimpern Schweißperlen kleben. Völlig durchgeschwitzt kamen wir am Haupthaus an und gingen zielstrebig zum Wasserschlauch, denn wir brauchten dringend eine Abkühlung. Das Wasser kam direkt aus dem Boden und war damit nicht erfrischend kühl, sondern arschkalt. Als Marc den Strahl auf mich richtete, begann ich laut zu quietschen, und obwohl ich bettelte, das Wasser abzustellen, hielt Marc noch eine

Weile drauf, obwohl er wusste, dass er damit den kleinen bösen Affen in mir weckte, der sich rächen würde. Danach kühlte ich Marc ab und zu seiner Überraschung ohne bösen Trick, was ihm nur das Gefühl geben sollte, dass er sicher vor meinen Attacken wäre. Die Ruhe vor dem Sturm.

Ich wünschte nun, ich könnte sagen, dass ich mir eine coole Racheaktion habe einfallen lassen, doch tatsächlich habe ich einfach vergessen, mich zu revanchieren, sodass Marc ganz ungestraft davonkam.

Da wir nun einigermaßen abgekühlt waren, verbrachten wir noch etwas Zeit mit unseren Lieblingen. So zog ein weiterer, noch schönerer Tag ins Land.

Marc

Ich war noch nie der beweglichste oder akrobatischste Typ. Allerdings war dies auch dem jahrelangen Fußballspielen und damit einhergehenden falschen oder besser gesagt gänzlich ausgelassenen Dehnen geschuldet. Durch das Tanzen mit Michi und ihren immer größer werdenden Ansprüchen an Hebefiguren schaffte ich es jedoch, nach ein paar Monaten Training mit ihr, meine Finger im Stand auf den Boden zu bringen – und das sogar bei durchgestreckten Beinen. Michi war von diesem Fortschritt noch wenig begeistert und versuchte alles, mich mehr und mehr zu motivieren. Das ehrgeizige Training mit ihr sollte sich auszahlen, und nach zwei Wochenend-Workshops und unzähligen YouTube-Tutorials waren wir sogar in der Lage, Hebungen, Schulterstand und weitere Übungen zu machen, von denen ich nicht mal im Traum geglaubt hatte, sie schaffen zu können. Ich erkannte meinen Körper hierbei kaum wieder, und wir wurden schnell so geübt, dass wir im Park den ein oder anderen Applaus von Passanten ernten konnten. Im Gegensatz zu Passanten konnte man entlaufende Affen leider nicht durch akrobatische Kunststücke zum Innehalten bewegen. Die Frechdachse machten uns an diesem Tag allerhand Arbeit und waren einfach nicht zu fassen, bis Michi auf die Idee kam, sich einen Größenvorteil zu verschaffen, indem sie sich auf meine Schultern setzte und so die sich in Sicherheit wiegenden Äffchen vom Dach des Geheges herunterschnappte. All das unter den erstaunten Blicken der anderen Helfer.

»Dass unser Training einmal einen praktischen Nutzen haben würde, hätte ich nie gedacht!«, sagte ich überrascht. Und noch im gleichen Moment bereute ich meine Worte. Michi begann nämlich frech zu grinsen und gab mir damit zu verstehen, dass sie Blut für weitere akrobatische Herausforderungen geleckt hatte.

Leg dich nicht
MIT MICHI AN

*E*s war bereits wieder Mitte der Woche, als Jasmin uns morgens beim Frühstück mitteilte, dass heute belgische Tiermedizinstudierende die Farm besuchen würden. Wir alle nahmen die Info zur Kenntnis, während es weiter in unseren Frühstücksschüsseln klapperte. Marc holte uns gerade einen frisch gepressten Saft, da Rosie, die in einem Beutel an mir hing, eben erst eingeschlafen war. Nach dem offiziellen Teil kam Jasmin noch zu mir und fragte, ob ich die Studierenden betreuen könne, wenn sie zu den Tieren ins Gehege gingen.

»Ich will, dass du dabei bist, wenn sie ins Gehege gehen«, sagte sie. Hamish war in letzter Zeit immer wieder aufmüpfig geworden und hatte vor allem weibliche Helfer gebissen, um sie zu dominieren. Vor mir hatte er nach unserem kleinen Kampf jedoch reichlich Respekt.

»Ich bin die Verrückteste hier«, sagte ich und lachte.

»Und genau deswegen frage ich dich. Du verhältst dich einfach instinktiv richtig mit diesen Tieren.«

Ich nickte und fragte Jasmin dann, wie viele Studierenden uns denn besuchen würden.

»So dreißig«, schätzte sie, und ich schaute verdutzt.

»Es ist eine Exkursion der Universität für Studierende, die sich auf Wildtiere spezialisiert haben. Und da wir hier immer wieder helfende Hände brauchen, auch von Tierärzten, hoffen Gus und Liz, dass so vielleicht der eine oder die andere Interesse an einem Praktikum hat.«

»Verstehe«, sagte ich und kümmerte mich dann wieder um Rosie, die während unseres Gespräches aufgewacht war und die Zeit genutzt hatte, um mit ihren kleinen frechen Händen in meinem Porridge zu matschen.

»Na danke, Rosie. Jetzt müssen wir dich erst einmal abwaschen, bevor alles verklebt«, sagte ich schmunzelnd zu dem kleinen Äffchen, das nun voller Brei war. Mit Rosie im Beutel, so nannte ich die Umhängetasche der Affen immer, ging ich zur Babyküche und wusch das kleine Mädchen mit einem Waschlappen ab. Rosie, der das gar nicht passte, wehrte sich die ganze Zeit mit ihren verklebten Händen und versuchte immer, den Lappen zu schnappen. Doch all das nützte ihr nichts. Sie musste abgewaschen werden, ob ihr das passte oder nicht.

»Soll ich sie gleich nehmen, damit du in Ruhe frühstücken kannst?«, hörte ich Marc hinter mir. Ich zuckte erschreckt zusammen, als er plötzlich in der Tür stand. Meine Reaktion führte dazu, dass auch Rosie erschrak und mich anpinkelte. Leider bin ich der schreckhafteste Mensch auf Erden und oftmals so verträumt, dass ich kaum etwas um mich herum mitbekomme. Daher bringt es mich manchmal sogar aus dem Konzept, wenn mich jemand einfach nur unerwartet anspricht.

»Äh ja«, sagte ich und schaute an mir hinab. Ich bemerkte, wie mein Shirt und auch meine Hose immer nasser wurden, weil das Äffchen wohl eine ziemlich volle Blase gehabt hatte. »Das hast du mit Absicht gemacht, oder? Damit sie dich nicht anpinkelt«, sagte ich zu Marc, und er grinste nur.

Danach reichte ich ihm die protestierende Rosie, spritzte mich von oben bis unten mit Wasser ab und ging zügig zurück zum Frühstück. Sechs Minuten blieben mir noch, ehe die Arbeit weitergehen würde, daher nahm ich mir nur schnell eine neue Schüssel Porridge und verzichtete auf einen Kaffee.

Um halb zehn erreichte uns der Bus mit den belgischen Studierenden.

»Wie hat der es denn über die buckelige Piste hergeschafft?«, fragte Marc erstaunt, als ein relativ moderner Reisebus auf unserer Farm vorfuhr.

»Vielleicht kann er fliegen«, meinte ich achselzuckend, selbst verwundert, dass der Bus unbeschadet hier angekommen war.

Als sich die Tür öffnete, stieg eine Horde Medizinstudierender aus, die wie typische Touristen gekleidet waren: Sonnenhut, Sonnenbrille, eine Kamera um den Hals und das Gesicht verziehend, als sie das erste Mal den deftigen Geruch von Affenkacke in der Nase hatten.

»Bist du sicher, dass das der richtige Bus ist?«, fragte ich lachend und stupste Jasmin an.

»Ich hoffe, sie haben sich verfahren«, erwiderte sie.

Und auch Rosie schien absolut nicht begeistert von unseren neuen Besuchern und erledigte daher erst einmal ein großes Geschäft, wovon die Hälfte auf meinem Bein landete.

»Danke, Rosie«, meinte ich lachend. »Damit sorge ich doch gleich für einen Supereindruck!«

Sie grummelte nur frech, rieb sich dann müde ihre Äuglein und lehnte den kleinen Kopf an meine Brust. Als ich beobachtete, wie die Gruppe auf uns zukam, dachte ich an meinen ersten

Tag hier. Ich musste ganz genauso ausgesehen haben. Unpassend gekleidet, angeekelt von dem Geruch und mit nur einem Gedanken im Kopf: Hier will ich so schnell wie möglich weg!

Und damit behielt ich recht, denn einige der Studierenden stiegen, noch ehe sie sich etwas angeschaut hatten, zurück in den Bus. Der Großteil traute sich jedoch zu uns, und dann stellten Jasmin, Lily, Noel, Mike und ich uns den Besuchern vor. Einer von uns sah zerzauster aus als der andere. Während ich vollgemacht war, hatte Lily Papaya über ihr ganzes Shirt verteilt. Noels Gesicht war noch voller Matsch und Dreck vom Säubern der Gehege, und Mikes Shirt war voller Löcher.

»Vielleicht hätten wir uns etwas schöner machen sollen, wenn wir Besuch bekommen«, flüsterte Lily, als die Truppe in Zeitlupe näher kam.

»Quatsch, wenn sie hier sind, um zu sehen, wie wir arbeiten, dann repräsentieren wir das schon gut – genauso verschwitzt, verdreckt und überarbeitet, wie wir nun mal sind.«

»Stimmt«, sagte Lily.

»Nur auf Händeschütteln sollten wir vielleicht verzichten«, meinte ich amüsiert, denn obwohl wir unsere Hände sehr oft wuschen, waren sie nach einer Minute wieder schmutzig. Ja, sie waren irgendwann sogar so erdig, dass man den Matsch gar nicht mehr aus den Hautrillen der Handflächen bekam.

Eine ältere Dame stellte sich zuerst Jasmin und dann jedem von uns vor. Sie war die Dozentin der Studierenden und leitete die Exkursion. Jasmin erklärte ihr das Rahmenprogramm, während wir unsere Besucher auf die Wiese baten, wo wir die erste Stunde mit ihnen und den Meerkatzen verbringen würden. Lily erklärte ihnen alles über die kleinen Altweltaffen, doch das Interesse der Gruppe war nicht sonderlich groß, weshalb wir den Vortrag sehr kurz hielten und anboten, bei gezielten Fragen zur Verfügung zu stehen. Alle nickten und begannen dann, die kleinen Affen zu fotografieren, trotz unseres ausdrücklichen Hinweises, dass die Primaten gerne in Linsen, Mobiltelefone und Co beißen und auch an allem reißen. Ein kleiner Babyaffe sprang einer Studentin direkt in die Linse und beschmierte das gesamte Objektiv mit Matsch. Ein anderer Affe zog wie wild an dem Kameraband eines Studenten und begann daran zu nagen. Plötzlich schrie ein Mädchen laut los und sprang auf. Sie wurde angepinkelt. In diesem Moment wurde mir wieder so klar, warum wir keine reinen Touristen hier aufnahmen, um die Affen »mal kennenzulernen«. Für die Tiere und die Menschen war das einfach zu viel Stress. Viele kommen in der Absicht, ein süßes Bild mit dem Affen zu machen, ihn für eine Stunde zu kuscheln und dann zu gehen, ohne sich zu fragen, ob diese Vorstellung auch nur im Geringsten realistisch ist. Denn das ist sie nicht. Kein Affe wird stundenlang mit einem fremden kuscheln, schon gar nicht ohne ihn anzupinkeln, und für ein Foto stillhalten ist auch nicht die Stärke unserer Wildtiere. Sie sind eben wild!

Um die Tiere nicht zu stressen, entschieden wir, die *vervet time* etwas früher zu beenden, denn auch wenn einige Studierende tatsächlich großes Interesse hatten und die Tiere aufmerksam beobachteten, war die Mehrheit mit Handy, Kamera und Kreischen beschäftigt. Nach und nach fingen wir Fletcher, Charly und den Rest der kleinen Truppe ein. Mit einem Bündel Äffchen im Arm ging ich zum Gehege. Einige kamen mir schon freiwillig nach, da sie das Spielen einfach nicht genießen konnten. Affen sind, was ihre Befindlichkeiten angeht, einfach brutal ehrlich, und da sie die Truppe »anderer Affen« nicht sympathisch fanden, spielten sie lieber unter ihresgleichen.

»Sollen wir dann gleich mit der Führung beginnen?«, fragte ich Lily, als wir zurück zu den belgischen Studierenden gingen.

»Ich denke schon. Jasmin sagte eben, dass sie uns allen noch Stundenpläne gemacht hat, damit jeder zu einer anderen Zeit zu den Pavianen kann, falls die Besucher das wollen.«

»Okay, dann geben wir ihnen noch mal die Zeit, was zu trinken und zur Toilette zu gehen. Bis dahin sollte Jasmin ja fertig sein.«

Lily nickte, und dann erklärte sie den Studierenden, dass sie nun eine kurze Pause hätten, ehe wir sie in Gruppen einteilen und dann den Rundgang über die Farm starten würden.

Nachdem Jasmin uns die Stundenpläne ausgehändigt hatte, teilten wir die Studierenden in Fünfergruppen ein und führten sie über das Gelände. Dabei erfuhren sie, welche Primatenarten wir beherbergten und wie die verschiedenen Gattungen ausgewildert wurden. Meine Tour startete an der Quarantänestation, wo wir die großen Tiere aufnahmen, die zuerst auf Krankheiten getestet werden mussten, ehe wir sie eingliedern konnten. Freudig zeigte ich ihnen meine liebste Affendame Malin, doch die meisten schienen weniger beeindruckt von der schönen und friedvollen Meerkatzendame. Danach zeigte ich ihnen Graham, einen Pavian, der sein Leben lang an einer Kette angebunden gewesen und deswegen schwer traumatisiert und psychisch gestört war. Er lief die ganze Zeit nervös in seinem Käfig auf und ab und biss immer wieder in sein Bein, genau die Stelle, wo einst die Kette gewesen war, die ihn viele Jahre gehalten hatte. Dabei brüllte er immer hysterisch. Sein Anblick sorgte nicht nur für Aufmerksamkeit, sondern verdeutlichte den Studierenden auch, wie wichtig unsere Arbeit war.

»Bitte nicht näher an das Gehege gehen. Graham hasst Frauen! Sie lösen in ihm Panik aus, und er könnte jede von uns, ohne mit der Wimper zu zucken, durch die Gitterstreben packen und verletzen. Daher möchte ich zu eurem Schutz, dass ihr Abstand haltet, aber auch um ihn nicht zu stressen. Er braucht Ruhe«, erklärte ich, und mein Herz wurde schwer bei dem Anblick eines Affen, der sich selbst verletzte. Wer immer behauptet, dass Tiere keine Gefühle haben, hat Unrecht. Wie sonst erklärt man sich, dass ein unglücklicher Affe genau die gleichen Symptome zeigt wie ein unglücklicher Mensch. Panikattacken, Selbstverletzung und Essstörungen sind nur ein paar wenige Beispiele der psychischen Erkrankungen, unter denen Menschen und Affen, ja ich würde sogar sagen, Menschen und Tiere, leiden können. Wir alle haben ein Herz, und dieses Herz kann verletzt werden. Die gute Nachricht ist: Wir alle haben ein Herz, und dieses kann geheilt werden!

Und dieser Gedanke trägt mich an jedem Tag, an dem ich mit ansehen muss, dass man einem wundervollen, lebensfrohen Geschöpf nicht nur seine Lebenszeit, sondern auch seinen Lebensmut genommen hat. Graham war ein Wrack, aber ich glaubte an seine Heilung. Wir alle taten das. Denn wenn er am Ende seines Lebens nur einen Tag in Freiheit leben würde, hätte sich alles gelohnt.

»Ich hab dich lieb«, sagte ich in Gedanken zu Graham, als er mich voller Wut und Hass ansah. Denn ich wusste, dass dieser Affe einfach nur in Angst lebte. Und alles, was ich für ihn tun konnte, war, ihn dafür umso mehr zu lieben, auch wenn er das nicht erwidern würde.

»Gehen wir weiter?«, fragte einer der Studenten und riss mich damit aus meinen Gedanken.

»Ähm ja«, sagte ich und wischte mir schnell die Träne aus dem Auge.

»Auf zu den Meerkatzen«, schlug ich vor und stapfte los. Graham blickte uns noch eine Weile nach, ehe er sich zurück in seine Ecke kauerte und litt.

»Hier seht ihr die großen Meerkatzen, die noch in diesem Jahr ausgewildert werden. Sie sind circa drei Jahre alt und haben bereits eigene Nachkommen, was ein sehr gutes Zeichen ist. Kennt jemand von euch die drei Kriterien für eine erfolgreiche Auswilderung?«, fragte ich motiviert, denn die Lehrerin in mir kam durch. Alle schüttelten nur den Kopf, und ich erklärte ihnen kurz, worauf wir bei unserer Freilassung achteten.

»Wie gesagt, es gibt drei Kriterien, die erfüllt sein müssen, ehe wir Paviane und Meerkatzen auswildern. Zuerst einmal benötigt die Gruppe eine feste und stabile Rangordnung. Zudem benötigt eine Truppe ein Alpha. Diese beiden Punkte sind schon mal die halbe Miete. Wichtig ist aber auch, dass die Truppe sich fortpflanzt, denn das zeigt, dass sie intakt und gesund ist. Haben wir also eine Hierarchie, einen Anführer und Nachwuchs, wissen wir: Es ist so weit!«

Von dort aus besuchten wir die Tierklinik, erkundeten die Farm, und am Ende hatte meine Besuchergruppe die Möglichkeit, das Paviangehege hautnah zu erleben. Dort mussten wir jedoch erst ein paar Minuten warten, da Lily und ihre Gruppe noch bei den Affen waren. Als sie rauskam, zog sie mich kurz zur Seite.

»Ist deine Gruppe auch so desinteressiert? Keiner hört zu oder stellt auch nur eine Frage«, sagte sie und zuckte verunsichert mit den Achseln.

»Geht mir genauso«, flüsterte ich.

Drei von meinen fünf Studierenden wollten mit ins Paviangehege. Dafür mussten sie zuerst ihre Kameras, Hüte, Brillen und

Schmuckstücke ablegen, ehe ich ihnen erklärte, wie Paviane sich verhielten und was sie vermeiden sollten, um die Tiere nicht zu stressen oder zu provozieren. Die drei mutigen Frauen nickten, und gemeinsam gingen wir ins Gehege. Marc, der gerade Pause hatte, begleitete uns.

Da wir die letzte Gruppe waren, die die Paviane besuchten, waren die Tiere bereits aufgedreht, und ich war froh, dass wir nun zu zweit waren, um die Chaoten im Auge zu behalten. Wild sprangen die Affen durchs Gehege, landeten immer wieder auf unseren Köpfen, zogen an den Shirts und starteten untereinander ein paar Kämpfe. All das war allerdings unbedenklich. Weniger unbedenklich hingegen war Hamish, der immer wieder an den drei Frauen, die mir gegenübersaßen, vorbeischwänzelte und langsam seine Grenzen testete. Zuerst ruckelte er nur an ihren Schuhen, dann boxte er eine der drei Studentinnen, und als er schnell von einem Balken gelaufen kam und die Augen weit aufgerissen hatte, wusste ich, er startet einen Rangkampf. Daher packte ich ihn noch im Sprung am Schwanz, drückte seinen Nacken zu Boden und brüllte ganz tief seinen Namen. Tatsächlich reichte dies dem pubertierenden Männchen noch nicht, denn er versuchte mich zu beißen, weshalb ich seinen Schwanz packte und reinbiss. Hamish schrie auf, machte sich erst ganz klein und rannte dann panisch kreischend davon. Mit dem wilden Geschrei versuchte er einen Mob zu starten, auch wenn er genau wusste, dass keiner der Affen sich trauen würde, mich zu mobben. Ich war ein Alpha, und sie alle hatten zu großen Respekt, mich zu challengen. Doch nicht nur die Affen empfanden mich als angsteinflößend. Auch die Studentinnen schauten mich mit weit aufgerissenen Augen an und sagten keinen Ton mehr.

»Alles gut bei euch?«, fragte ich die drei lächelnd, und sie nickten verängstigt.

»Ich will raus«, sagte eine von ihnen kleinlaut.

»Klar«, sagte ich und wollte ihnen aufhelfen, doch die Frauen hielten lieber Abstand zu mir, obwohl ich sie gerade nur beschützt hatte.

»Ich mach das«, sagte Marc und gab mir einen Kuss auf die Wange. Nachdem er sie verabschiedet hatte und zum Essen schickte, kam auch ich aus dem Gehege.

»Dann komm, mein frecher Affe«, sagte Marc schmunzelnd, als er das Tor öffnete und das gefährliche Alpha freiließ.

»Ich habe ihnen den Arsch gerettet«, protestierte ich mit hochgezogener Braue, denn hätte ich Hamish nicht gepackt, hätte er die Frauen gebissen.

»Aber du hast ihnen auch Angst gemacht«, erwiderte Marc und nahm mich wie ein kleines Kind in den Arm.

»Dann sind sie nichts für die Affen«, sagte ich kichernd.

»Dafür gehörst du genau hier her – zu mir und den Affen.«

»Mache ich dir etwa keine Angst?«, sagte ich spöttisch und baute mich mit weit aufgerissenen Augen vor Marc auf. Sanft nahm er mein Gesicht in die Hände und küsste mich.

»Manchmal schon«, sagte er schmunzelnd, als sich seine Lippen von meinen lösten, und schaute mir tief in die Augen.

»Deswegen lege ich mich ja nie mit dir an«, sagte er, und wir küssten einander, während die Affen uns wild kichernd zusahen.

Marc

Am Tag, als die belgischen Studierenden bei uns einfielen, spürte ich, dass die Teamleiter etwas nervös wurden, denn sie wollten einen guten Eindruck machen und sich und die Station gut präsentieren. Besonders Noel war etwas in Sorge, denn er war nicht unbedingt der Typ, der gerne Vorträge hielt – schon gar nicht auf Englisch. »Marc, was soll ich denen denn erzählen? Willst du das nicht für mich machen, du hast doch studiert und bist prädestiniert für so was«, sagte er und versuchte sich aus der Affäre zu ziehen. Doch ich lehnte dankend ab und genoss es, in meinem Urlaub nun einmal frei von solcher Verantwortung zu sein. Aufgrund des Besuchs hatten wir an diesem Tag nur die notwendigsten Aufgaben zu erledigen und danach so etwas wie »frei«. Ich nutzte die Zeit, um Graham einen Besuch abzustatten. Denn während er auf Frauen sehr aggressiv reagierte, genoss er das Zusammensein mit anderen Männchen sehr. Er blickte sich erst scheu um und legte sich dann nieder, sodass wir nur noch durch den Zaun getrennt waren.

»Ein anstrengender Tag?«, sagte ich und schaute den ausgewachsenen Pavian an, worauf Graham den Kopf schief legte und meinen Blick erwiderte. Irgendwie schien er eine besondere Bindung zu mir aufzubauen. Vielleicht sah er in mir etwas, was er für sich suchte und herbeisehnte. Vertrauen. Er streckte seine unfassbar starken Arme durch die Gitter, und ich reichte ihm meine Hand, die er sofort ergriff. Hand in Hand saßen wir eine Weile beieinander, und ein Stück meiner sanften Energie schien, allein durch die Berührung, in ihn zu fließen. Denn von einem auf den anderen Moment wirkte er friedlich. Entspannt atmete Graham in tiefen Atemzügen ein und aus und schloss beseelt die Augen. Ein unglaubliches Zeichen von Vertrauen. Glück stieg in mir auf, und ich schnaubte laut. Sofort öffnete er verunsichert die Augen, doch alles, was er sah, war mein friedliches Gesicht. Schließlich ließ auch er sich zu einem Lächeln hinreißen und legte den Kopf schräg in den Nacken. Freudig begann er sogar zu *lipsmacken.* Auch wenn ich ihn nicht verstand, glaube ich, dass er in diesem Moment etwas gefühlt hatte, was Michi immer wieder als Magie beschreibt: der Moment, in dem ein Affe seinen Lebensmut wiederfindet. Auf meinem Weg zurück zu den anderen sah ich Michi mit einer kleinen Gruppe der Studierenden auf dem Weg zum Gehege der kleinen Paviane. Da ich bis hierhin Pause hatte, entschloss ich mich, Michi zu unterstützen, auch wenn ich nicht konkret wusste, ob überhaupt Hilfe benötigt wurde.

Im Gehege merkte ich, dass meine anfänglich unbeholfene Art scheinbar nicht allzu ungewöhnlich war, denn die Studierenden schienen nicht nur unbeholfen, sondern auch etwas eingeschüchtert von den Wildtieren gewesen zu sein. Während ich Michi beobachtete, hatte sie ein Auge auf die Tiere und die »Neuankömmlinge«. Ich merkte, dass Michi durch etwas alarmiert wurde, und noch bevor ich realisieren konnte, was es war, tat Hamish, was Hamish so mit neuen weiblichen Gästen in seinem Reich macht – seine Grenzen austesten. Wie gesagt, er war der Macho unter den Affen.

Alles Weitere ging so schnell, dass ich mich wie in einen Cartoon versetzt sah. Staub wirbelte auf, und am Ende, als sich wie im Film der Staub in der Szenerie wieder gelegt hatte, war die Situation bildlich wie eingefroren: Hamish zurückgezogen in einer Ecke, die versteinerten Studentinnen am Boden, die souveräne und siegreich hervorgegangene Michi in der Mitte des Geheges, und ich, der stolze Ehemann, mit dem Gedanken: ›Das ist mein Alpha.‹ Gleichzeitig musste ich mir jedoch auch ein Lachen verkneifen, da die Angst der Frauen sich überraschenderweise nicht mehr gegen Hamish, sondern gegen Michi richtete.

Nun konnte ich mich doch noch nützlich machen und in meiner gewohnten Polizistenrolle als Freund und Helfer in Erscheinung treten und die Studentinnen in Sicherheit bringen.

Lass uns dieses
LEBEN ERSCHAFFEN

*A*uch die restlichen Tage der zweiten Woche verflogen nur so, und als wir am Freitagabend im Bett lagen und unser Glücksmomente-Spiel spielten, wurde mir schlagartig bewusst, dass es ganz bald, viel zu bald, wieder nach Hause gehen würde. Bei dem Glücksmomente-Spiel beschreiben wir uns gegenseitig besondere und schöne Erinnerungen aus unserer Beziehung und der andere errät, um welche Reise, welchen Tag oder welche Erfahrung es sich handelt.

Denn wenn man sich nicht über schöne Erlebnisse miteinander austauscht, gehen sie einem leider viel zu schnell verloren. Nicht, dass man sich an das Erlebnis nicht mehr erinnert – es ist eher so wie mit der Lieblingstasse, die man mal von Freunden geschenkt bekommen hat und aus der man jeden Tag trinken wollte. Die erste Woche hält man sie jeden Tag stolz in der Hand, doch im stressigen Alltag gerät sie immer mehr aus dem Blick, bis man sie nicht mehr benutzt. Das Gleiche passiert uns mit Lieblingsmomenten, an denen man sich doch eigentlich jeden Tag erfreuen wollte. Aber auch sie rutschen im Alltag immer weiter nach hinten. Umso schöner ist es, wenn man sie noch mal ganz bewusst in die erste Reihe stellt und sich daran erinnert, wie toll das eigene Leben ist.

»Mein Lieblingsmoment«, flüsterte ich, »ist ein Tag im Sommer. Ich trage eine blaue Latzhose, und wir fühlen uns wie zwei wilde Kinder, die eine Schatzinsel erkunden«, erzählte ich Marc.

»Magnetic Island«, erwiderte er mit einem Lächeln und atmete ganz zufrieden aus. Ich nickte, und wir nahmen uns in den Arm.

Magnetic Island ist eine australische Insel, auf der Marc und ich drei Tage während unserer Australienreise verbracht hatten. Bei unseren täglichen stundenlangen Wanderungen hatten wir viele alte Militärbunker aus dem Zweiten Weltkrieg entdeckt und uns dabei immer wie zwei Schatzsucher gefühlt. Diese Ausflüge waren so sorglos und schön gewesen, dass ich noch heute die Leichtigkeit spüre, mit der ich über den sandigen Weg getanzt bin.

»Das war ein magischer Tag«, murmelte Marc verliebt.

»Deswegen ist es ja auch ein Lieblingsmoment«, flüsterte ich, als ich in seinen Armen lag. Nun war Marc an der Reihe.

»Mein Lieblingsmoment ist ein Tag im Sommer«, sagte Marc und schwieg dann.

»MAAAARC«, schimpfte ich und kicherte zugleich über seine schlechten Erklärungsversuche. »Wir haben schon keine Ahnung wie viele Sommertage miteinander verbracht!«

»Aber der war besonders schön!«, sagte er verschmitzt.

Ich verdrehte die Augen, denn ich wusste, dass er mich necken wollte. Gespielt bockig löste ich mich aus seinen Armen und stand auf.

»Eyyyy«, schimpfte er nun. Ich drehte mich grinsend um und begann ihn zu challengen, so wie es die Affen machen würden. Dann lachten wir los und starteten eine Kissenschlacht. Jeder von uns würde behaupten, dass er sie gewonnen hat, denn am Ende lag ich wieder in Marcs Armen, was für seinen Sieg sprach. Da er mir aber liebevoll von seinem Moment erzählte, könnte auch ich der Gewinner gewesen sein.

»Mein Lieblingsmoment ist also ein Tag im Sommer. An diesem Tag hast du mir erzählt, dass du gerade einen fliegenden Backstein gesehen hast«, sagte Marc und lachte los, und auch ich konnte nicht mehr. Wenn man eines über mich wissen muss, dann, dass ich so blind bin wie ein Maulwurf, weshalb ich in Südafrika immer Kontaktlinsen trage. Zu Hause vergesse ich zu 99 Prozent, meine Brille aufzusetzen, was auf unseren gemeinsamen Spaziergängen schon für so manche spektakuläre Sichtung im Wald gesorgt hat. Von fliegenden Schlangen über einen Puma, bis hin zu ganz vielen Blattfröschen habe ich schon alles gesehen. Die Krönung meiner Sichtungen war allerdings ein fliegender Backstein, der sich laut Marcs Aussagen als Rotmilan herausstellte. Da er aber so weit weg flog, konnte ich weder die Form, geschweige denn eine Farbe erkennen.

Als wir schon fast Bauchweh hatten vor Lachen, überkam mich jedoch eine traurige Erkenntnis.

»Alles gut?«, fragte Marc und richtete sich auf.

Ich schüttelte erst den Kopf, und dann sagte ich leise: »Ich will nicht heimfahren. Ich will einfach für immer hierbleiben!«

»Und weißt du, was wir deswegen genau jetzt tun?«, sagte Marc und zwinkerte mir zu, weshalb sich zwei kleine freche Grübchen auf seiner Wange bildeten. Nun wusste ich genau, was er meinte.

»Wir üben meinen Power-Talk, um Liz von meiner Idee zu erzählen?«, fragte ich Marc und spürte im selben Moment den Kloß in meinem Hals. Er nickte nur, und ich sagte mir innerlich:

Adios Angst, ich mach das jetzt! Mein Herz machte im gleichen Moment hundert Saltos und applaudierte.

Den ganzen Abend übten Marc und ich das Gespräch, er stellte mir immer wieder Fragen hinsichtlich meiner Vision. Denn ich hatte mir, wie schon erzählt, in den Kopf gesetzt, eine Organisation für nachhaltige Freiwilligenarbeit zu gründen, die sich dabei auf den Schutz von Primaten spezialisierte. All das, um meinen geliebten Affen ein Zuhause in Freiheit zu schenken. Denn die Auffangstationen vor Ort benötigen immer mehr Hilfe, um all die Tiere retten zu können! Und genau das will ich tun: Helfen!

»Also, mich hättest du zu tausend Prozent überzeugt«, sagte Marc nach einer Stunde Kreuzverhör und küsste mich.

»Du bist auch mein Mann und nicht wirklich objektiv«, hielt ich dagegen.

»Ich bin aber auch Polizist und kenne die gemeinsten Verhörtechniken, und sie alle haben dich nicht aus dem Konzept gebracht«, meinte er mit einem Achselzucken.

»Also schaff ich das?«, sagte ich zögerlich und wippte dabei nervös auf und ab. Marc grinste mich nur an und nickte. Für einen Moment schloss ich die Augen und redete mir gut zu. ›Yes, yes, yes‹, sagte mein Herz. Und es wirkte! Überzeugt von mir sprang ich auf, hüpfte auf dem Bett auf und ab, während meine geflochtenen Zöpfe nur so flogen, und quietschte voller Überzeugung: »Also schaff ich das!«

An diesem Abend schlief ich mit einem Schmunzeln auf den Lippen ein und war fest davon überzeugt, dass ich am nächsten Tag ein ganz lockeres Gespräch mit Liz führen würde. Doch als wir am nächsten Tag, nach getaner Arbeit, direkt unter die Dusche hüpften, um danach mit Liz zu reden, wurde mir wieder übel. Daher breitete Marc vor dem Haupthaus eine Decke aus, auf der wir uns niederließen, um noch mal gemeinsam über das Projekt zu reden. Leider wurde ich jedoch von Sekunde zu Sekunde nur aufgeregter, und als ich mir endlich ein Herz gefasst hatte, Liz zu fragen, war sie nicht im Büro.

»Das war ein Zeichen«, sagte ich nervös.

»Wofür? Dass sie auf Toilette musste. Mach dir keinen Kopf, Schatz! Geh einfach in fünf Minuten noch mal rein«, ermutigte mein Mann mich.

Mit viel zu hohem Puls und der dicksten Kröte überhaupt im Hals legte ich mich auf die Picknickdecke und schaute in den Himmel. Immer wieder atmete ich tief ein und aus, um mich zu erden, sagte mir selbst, dass doch alles gut sei und ich mir keinen Stress zu machen brauchte. Doch trotz all der positiven Gedanken war tief in mir eine unfassbare Angst. Das Komische daran war, dass meine größte Angst nicht die war, dass Liz das Projekt ablehnen könnte, sondern dass sie es großartig finden würde. Denn es würde bedeuten, dass ich mich und meine Träume nicht mehr verstecken könnte. Dabei hatte ich mich in meinem Schneckenhaus doch gerade erst wohnlich eingerichtet.

Nach fünf Minuten sprang ich ohne ein Wort zu sagen auf und ging ins Büro.

»Viel Glück!«, rief Marc mir noch hinterher, doch ich antwortete nicht. Denn würde ich jetzt nur eine Sekunde zögern, würde mein Ego mir wieder tausend Gründe dafür liefern, nicht zu gehen. Bevor ich an die Bürotür klopfte, atmete ich noch mal tief durch. Dann schaute ich zittrig in das Büro. Ganz am hinteren Ende des Raums saß Liz, die alte Dame mit den kurzen grauen Haaren, am PC und war am Arbeiten.

›Mist‹, sagte mein Ego.

›Na los!‹, feuerte mich mein Herz an.

»Ähhm«, brachte ich mit Müh und Not heraus. Dann betrat ich das Büro und fragte Liz, ob sie fünf Minuten für mich hätte. Aus fünf Minuten wurden fünfundvierzig. Zuerst fragte ich Liz nach einem Arbeitszeugnis, da ich dieses für meine Stipendienbewerbung benötigte. Als wir das besprochen hatten, sagte mir mein Ego bereits: ›Na gut, lass uns abhauen, bevor du noch was Dummes tust‹, doch mein Herz lehnte entschieden ab und flüsterte: ›Bleib hier, bevor du noch was Dummes tust.‹ Ich blieb.

Nervös zitternd erzählte ich Liz von meiner Idee, eine eigene Organisation für den Schutz von Affen zu gründen. Danach erklärte ich ihr meine Beweggründe, legte meine Werte dar, und plötzlich sprudelte es aus mir raus. Die Karteikarte, die ich mir als Spickzettel geschrieben hatte, falls ich einen Blackout haben würde, schaute ich nicht einmal an. Vielmehr sprach ich frei vom Herzen, und genau das überzeugte. Liz war begeistert!

Sofort gab sie mir Tipps und druckte mir Informationen aus, die ich benötigen könnte. Freudig versicherte sie mir, dass sie und Gus auf jeden Fall hinter meiner Vision stehen würden und ich genau das tun sollte, wenn es mein Traum wäre. Mit jedem bestärkenden Wort von ihr dachte ich mir nur: ›Danke. Danke, dass ich dir begegnet bin.‹

Mit einem Stapel Blätter und einem breiten Grinsen verließ ich nach dem Gespräch das Büro und hüpfte Marc, der draußen auf der Decke wartete, direkt in die Arme.

»Yes, yes, yes«, quietschte ich und rollte über die orangene Decke.

»Was hat sie gesagt?«, fragte Marc aufgeregt und ruckte nervös mit dem Kopf.

»Sie findet die Idee toll!«, rief ich übermütig und machte einen Purzelbaum.

»Also sind Liz und Gus dabei?«

»Jaaaaa! Ich darf sie unterstützen.« Ich sprang auf, und Marc erhob sich ebenfalls und schaute mir zu, wie ich wie ein Flummi durch die Gegend sprang. Als mir bei 40 Grad im Schatten langsam die Puste ausging, hob Marc mich hoch und drehte mich wild. Ich breitete die Arme aus und fühlte mich wie ein befreiter Vogel. Alle Ängste und Zweifel hatten sich plötzlich aufgelöst, und auch den Frosch in meinem Hals hatte ich erfolgreich ausgewildert.

Das war er gewesen. Der erste Schritt in Richtung Tierschützerin. Und der erste Schritt ist bekanntlich der Schwerste. Also würde es ab jetzt nur leichter werden, dachte ich. Ob ich damit recht behielt, ist eine andere Geschichte, aber sicher ist, dass in diesem Moment ein Samen gepflanzt wurde, der zu einem der größten Bäume meines Lebens heranwuchs.

Marc

Als Michi und ich uns kennengelernt haben, wusste sie noch nicht genau, was sie später einmal werden wollte. Meistens flüsterte sie leise: »Ich will für meine Affen leben.«

Anfangs klang das vielleicht wie ein verrückter Traum, und genau so hat es vermutlich angefangen. Aber wer Michi kennt, weiß, dass sie das, was sie sich einmal in den Kopf gesetzt hat, auch umsetzt. Kaum ein Mensch lebt so bedingungslos für seine Träume wie sie! Auch wenn ich damals noch nicht wusste, wie das »Ich will für meine

Affen leben« einmal aussehen würde, war mir von Anfang an klar, dass ich hinter ihr stehen und sie auf ihrem Weg unterstützen würde. Mir war wichtig, dass sie ihr Strahlen nie verlieren würde. Und spätestens nach meinem ersten Tag mit ihr und den Affen wusste ich, dass genau das unser einzig wahrer Weg ist!

Daher unterstützte ich sie, wo auch immer es mir möglich war, wusste jedoch genau, dass ich ihr am allermeisten helfen würde, indem ich nichts Besonderes tat. Denn das Wichtigste für Michi war einfach nur, dass ich ihren Flügeln Raum zum Flattern ließ. Akzeptanz, Glaube und Vertrauen.

Als wir in Südafrika waren, war aus dieser anfänglichen verrückten Idee bereits etwas ziemlich Großes geworden, und Michi stand kurz davor, ihren ersten Geschäftspartner zu gewinnen.

Allerdings lief ihr die Zeit davon, denn unser Aufenthalt neigte sich leider schon dem Ende zu, sodass sie sich immer mehr Ausreden einfallen ließ, um dem entscheidenden Gespräch noch ein paar Stunden mehr auszuweichen.

Ich dachte mir immer wieder: ›Wie kann jemand so mutig sein, alleine durch Südafrika zu reisen, aber so viel Angst vor einem kleinen Gespräch haben?‹ Vor allem, da ich mir zu hundert Prozent sicher war, dass es erfolgreich sein würde. Daher konnte ich auch ganz entspannt auf der Decke zwischen den Käfigen auf Michi warten, als es für sie dann doch kein Entkommen mehr gab. Ich wusste einfach, sie würde nach dem Gespräch strahlend in meine Arme gelaufen kommen. Das war einer der Momente, die ich bereits vorhersehen konnte. Nach einer knappen Stunde flitzte Michi dann tatsächlich die kleine Treppe hinab und sprang mir freudequietschend in die Arme!

Ohne dass sie ein Wort sagte, wusste ich, dass der nächste Schritt in Richtung »Ein Leben für die Affen« geschafft war. Ich jubelte mit ihr und grinste in mich hinein. Denn auch in Zukunft dürfte ich sie nun Schritt für Schritt auf ihren Abenteuern begleiten, damit sie eines Tages hoffentlich das in sich sieht, was ich schon längst erkannt hatte.

Blyde River
CANYON

Als der Wecker an diesem Sonntag klingelte, freute ich mich besonders auf den Tag, obwohl es unser erster ohne Affen sein würde. Wie so oft stand ich nur halbwegs erholt auf, obwohl ich mehr als acht Stunden Schlaf gehabt hatte, und tapste mit halb geschlossenen Augen zum Waschbecken. Mein Gesicht war unfassbar zerknautscht, während ich meine Haare zu zwei Zöpfen flocht und auf Marc wartete, der mit lauten Schritten angestapft kam.

»Bist du schon aufgeregt?«, sagte ich fröhlich mit Blick in den Spiegel. Ich hatte Marc vermutlich eine Million Mal von meiner Arbeit in Südafrika erzählt, und genauso oft hatte ich meinen liebsten Ort der Welt erwähnt: Blyde River Canyon.

Der Blyde River Canyon ist eine viele Hundert Meter tiefe Schlucht aus rotem Sandstein, die sich durch die Provinzen Limpopo und Mpumalanga zieht und als eines der Naturwunder Afrikas gilt. Für mich ist es DAS Naturwunder, denn wann immer ich dort oben auf den Klippen sitze, den Wind spüre und die endlosen Weiten betrachte, fühle ich mich frei.

»Ich bin mal gespannt, ob es mit Norwegen mithalten kann«, sagte Marc, der einige Jahre zuvor auf den Lofoten gewesen war, und ich spürte seine warme Hand an meinem Rücken, die mich sanft streichelte, während ich mir die Zähne putzte. Danach machten wir uns noch für eine Arbeitsstunde fertig, denn auch wenn wir heute eine kleine Tour machten, wurden unsere helfenden Hände in der Früh gebraucht. An diesem Morgen waren wir jedoch beide für die Futterzubereitung eingeteilt, um nicht noch mal duschen zu müssen, ehe wir starteten.

Von unserer Hütte aus gingen wir schon um halb sieben zur Futterstation und bereiteten alles vor, da wir beide doch ein schlechtes Gewissen hatten, einen Tag nicht voll mitzuarbeiten.

»Es ist irgendwie komisch, heute nicht hier zu sein«, sagte Marc, während er und ich die Körbe für das Essen aufstellten.

Ich nickte lächelnd. »Man gewöhnt sich so schnell an alles, und auf einmal kann man sich nicht mehr vorstellen, dass es jemals anders gewesen ist.«

Nach und nach kamen die anderen Helfer, und gemeinsam waren wir an dem Morgen sehr zügig fertig, sodass Marc und ich halbwegs beruhigt fahren konnten.

Gegen acht Uhr gingen wir zum *quick breakfast,* bevor die Tour fünfzehn Minuten später startete. In einem Minibus mit sieben anderen Helfern machten wir uns auf in Richtung Panorama Route, wie man die Strecke entlang des Blyde River Canyon und anderer Aussichtspunkte nennt. Die Fahrt zu unserem ersten Stopp dauerte gut eine Stunde, die ich nach dem kurzen, aber dennoch anstrengenden Morgen schlafend verbrachte. Ganz unerwartet hielt der Bus mitten im Nirgendwo, zwischen ein paar provisorisch aufgebauten Ständen, die mit Souvenirs überhäuft waren.

»Davon hast du nichts gesagt«, meinte Marc skeptisch.

»Ist wohl ein neuer Haltepunkt«, sagte ich achselzuckend.

Wir schlenderten entlang der fünf Stände und trauten uns gar nicht erst stehen zu bleiben. Denn sobald wir eine Sekunde innehielten, stürmte ein Verkäufer auf uns zu, der uns alle möglichen Dinge andrehen wollte. Von Salatbesteck mit Elefanten über Babybodys mit Löwen bis hin zu einer grässlichen Tischdecke war alles dabei. Nichts davon gefiel mir, weshalb ich die Händler immer wieder abzuwimmeln versuchte. Am allerletzten Stand jedoch sprang mir eine Sache direkt ins Auge: Eine geschnitzte Schale mit Wildtieren, die ich nach langem Überlegen für umgerechnet zehn Euro kaufte. Überglücklich zeigte ich danach jedem die kleine Schale, die noch heute in meinem Büro steht und mir ein Lächeln ins Gesicht zaubert.

Nach unserer »Shoppingtour« fuhren wir nun ohne Umwege zum Blyde River Canyon, und bereits als die ersten Sandsteine zu sehen waren, wippte ich freudig auf und ab.

»Wir sind bald da?«, fragte Marc, als ich immer nervöser wurde. Wie ein Honigkuchenpferd grinsend nickte ich und blickte dann wieder aus dem Fenster, um die Landschaft, die sich vor mir erstreckte, zu betrachten. Nicht, weil sie bereits jetzt schon besonders schön war, sondern weil ich wusste, dass wir der wahren Schönheit immer näher kamen. Nachdem wir schließlich das Gate passiert hatten, drückte unser Fahrer auf dem riesigen Platz auf die Bremse und teilte uns mit, dass wir eine Dreiviertelstunde Zeit hätten, um uns den Spot anzusehen. Alle Insassen blickten sich fragend an, denn von hier aus machte der Blyde River Canyon den Eindruck, nicht viel zu bieten zu haben. Was für ein Irrtum!

»Komm mit«, sagte ich fröhlich und nahm Marc bei der Hand, als wir an einem meiner liebsten Orte der Welt ausstiegen.

Marc blickte sich gespannt um, denn er konnte nicht so recht erkennen, was an diesem riesigen Parkplatz mit ein paar weiteren Verkaufsständen und Holzverschlägen so besonders war, außer dass wir hier eine Toilette hatten, die er dringend benötigte.

»Immer musst du aufs Klo«, schimpfte ich wie ein ungeduldiges Kind, weil ich es kaum erwarten konnte, mit Marc auf dem Stein zu stehen, wo ich mich zum ersten Mal grenzenlos und frei gefühlt hatte. Damals, im Jahr 2015, war ich zwei Tage nach meiner verrückten Entscheidung, spontan in Südafrika zu bleiben, hier gewesen. Ich hatte meinen Job, meinen Studienplatz, meine Beziehung und vor allem die Erwartungen anderer aufgegeben, um hier zu bleiben und den kleinen Barney aufzuziehen. Doch als ich an jenem Tag in meinen braunen Shorts, meiner weißen Hippie-Bluse und barfuß am Rand der Klippe stand, atmete ich zum ersten Mal seit Jahren wieder tief ein. Und als die Luft aus meinen Lungen strömte, hatte ich das Gefühl, mit ihr all die Last loszulassen, all die Vorwürfe, all die Sorgen. Ich war frei. Frei, meine Träume zu leben.

»Gehen wir?«, fragte Marc, als er von der Toilette zurückkam, und riss mich aus meinen Gedanken.

»Ja«, sagte ich und lächelte ihn an.

Hand in Hand schlenderten wir den Pfad entlang, den sonst niemand außer uns nahm. Irritiert schaute Marc mich an, und ich konnte in seinen Augen sehen, dass er sich fragte, ob ich den Weg noch kannte – gleich würde er jedoch erkennen, warum wir etwas abseits der Strecke wandelten. Denn hinter den vielen kleinen Bäumen und Sträuchern eröffnete sich die wohl schönste Aussicht, die Marc je in seinem Leben gesehen hatte.

»Freiheit«, flüsterte ich, als wir stehen blieben, und drückte seine Hand. Vollkommen beeindruckt ließ Marc mich los und ging näher an den Rand der Klippe. Fasziniert und sprachlos blickte er sich um. Marc und ich sind Menschen, die die Natur lieben. Ein grüner Frosch beeindruckt uns mehr als ein tolles Gemälde, und eine Aussicht wie diese ist für uns wie ein Sechser im Lotto. Die Natur schenkt uns Lebensenergie.

»Wow«, hauchte er und setzte sich an den Rand der Klippe. Für wenige Augenblicke genoss ich diesen Moment – mein Mann in Südafrika! –, ehe ich mich neben ihn setzte und wir beide schweigend die Aussicht genossen. Während ich Marcs Hand hielt und meinen Kopf an seine Schulter lehnte, spürte ich, wie sich unser Atem anpasste und wir vollkommen im Einklang miteinander und der Natur waren. Waren im Sinne von sein. Präsent sein. Leben. Erleben.

»Du bist so wunderschön«, flüsterte Marc, und meine Wangen färbten sich leicht rot, während der Wind durch mein Haar wehte.

»Das ist wunderschön«, sagte ich zu Marc. »Und diese Schönheit, die Ruhe, die Freiheit färbt ab. Ich liebe es, hier zu sein, denn hier wirkt die Welt so endlos und leicht.«

»Vielleicht ist sie das ja«, sagte Marc und gab mir einen Kuss auf den Kopf.

»Vielleicht«, erwiderte ich.

Nach und nach kamen nun auch unsere Mitreisenden, die zuerst zur anderen Seite gegangen waren, bei unserem Spot an und begannen sich neben uns niederzulassen, um Selfies zu machen. Einige von ihnen setzten sich tatsächlich nur für einen Augenblick hin, schossen hundert Bilder und standen dann auf, den Blick auf ihr Handy gerichtet, während sich hinter ihnen ein Wunder entfaltete. Und ich weiß, dass ich nicht werten will, aber in solchen Momenten würde ich den Menschen am liebsten das Handy abnehmen und sagen: »Du verpasst etwas, wenn du jetzt nicht hinsiehst«. Denn leider stimmt es. So viel uns soziale Medien und Co auch geben mögen, so viel rauben sie uns auch. Wer immer in Verbindung mit der ganzen Welt sein muss, verliert irgendwann seine Verbundenheit zur Erde.

Am Ende, muss ich gestehen, haben Marc und ich uns selbst wie typische Touristen verhalten und ein Erinnerungsfoto von uns schießen lassen – eines unserer liebsten Bilder aus Südafrika.

»Schon?«, fragte Marc erstaunt, als ich ihm sagte, dass wir nur noch zehn Minuten hätten, um den anderen Aussichtspunkt zu sehen.

»Ja, die Zeit verfliegt«, sagte ich betrübt und dankbar zugleich.

Gemeinsam erkundeten wir die Felsen und Bäume, die uns faszinierten, während wir zu den Three Rondavals, einer weiteren bekannten Felsformation, wanderten. Und wenn auch diese Aussicht schön war, reichte die kurze Zeit an dem überfüllten Platz völlig aus.

»Gut, dass wir zuerst zur anderen Seite gegangen sind«, sagte Marc, nachdem er zum dritten Mal angerempelt wurde, und ich nickte ein wenig rechthaberisch, während wir zum Bus hetzten.

Außer Atem sprangen wir in den Transporter und kuschelten uns in unserer Zweierreihe aneinander, ehe unser Fahrer den Bus startete und ebenfalls gehetzt losfuhr, da wir einen sehr straffen Zeitplan hatten. Der Canyon verschwand allmählich aus unserem Blick, und auch wenn ich traurig war, dass wir nur so wenig Zeit dort verbracht hatten, freute ich mich schon darauf, Marc all die anderen tollen Orte zu zeigen – allen voran den Big Swing. Der Big Swing ist eine Art Bungeesprung im

Canyon. Doch anstatt vorwärts in die Tiefe zu springen, lässt man sich rückwärts in einhundert Meter Tiefe fallen. Und anders als bei einem Bungeesprung schleudert das Seil einen nicht hoch und runter, sondern schwingt von einer Klippenwand zur anderen. Der absolute Wahnsinn – vor allem, wenn man Höhenangst hat. Da ich bereits zweimal gesprungen war, wollte ich Marc überreden, es auch zu tun, doch keine Chance! Bereits als ich Marc ein Foto von meinem Sprung zeigte, schüttelte er vehement den Kopf.

»Auf gar keinen Fall!«

»Es ist wirklich toll«, besänftigte ich ihn.

»Du kannst nicht in einem Urlaub von mir verlangen, dass ich aus all meinen Komfortzonen trete. Eins nach dem anderen«, erwiderte er und zog die Braue hoch.

»Heißt das etwa, dass ich es nächstes Mal, wenn wir in Südafrika sind, noch mal versuchen soll?«, fragte ich spöttisch.

»Michi!«, ermahnte er mich.

»Also gibt es kein nächstes Mal?«, sagte ich und schaute ihn mit traurigem Dackelblick an.

»Natürlich. Es wird noch tausend nächste Male geben, aber garantiert ohne Bungee. Das verspreche ich dir«, beruhigte er mich und drückte mich fest, während ich nur frech schmunzelte. ›Mal sehen‹, dachte ich mir. ›Mal sehen.‹

Vor dem Mittagessen besuchten wir noch ein paar Aussichtspunkte, ehe wir in einem kleinen Restaurant hielten, wo es Pfannkuchen aller Art gab. Von süß über scharf bis herzhaft war für jeden etwas dabei. Da ich Äpfel und Zimt liebe, teilten Marc und ich uns einen großen Pfannkuchen mit beidem und schlenderten dann noch entlang der Geschäfte, die auf der anderen Straßenseite lagen. Wie überall wurde man auch hier von den Verkäufern belagert, sobald man stehen blieb. Während Marc an solchen Orten jedoch nie von Verkäufern angesprochen wird, ziehe ich diese in Strömen an. Daher bekamen wir eine Tüte nach der anderen vor die Nase gehalten und flüchteten fünf Minuten später leicht genervt zurück ins Restaurant. Von dort aus ging es dann endlich zum Big Swing, und als ich, wie bei jedem Stopp, eifrig als Erste aus dem Bus sprang, blieb Marc für eine Weile sitzen und stieg als Letzter aus. Gemeinsam gingen wir zu dem Aussichtspunkt, von wo aus man die Springer beobachten konnte, und Marc wurde kreidebleich.

»Ich bin so froh, dass du verletzt bist und nicht springen kannst, denn ich würde sterben vor Angst!«

Leider hatte ich mich kurz vor der Abreise bei einem unserer Tanzauftritte verletzt, sodass ich acht Wochen lang nichts über den Kopf heben, Bungee springen oder meine Schulter übermäßig belasten durfte.

»Du könntest mitspringen und dabei auf mich aufpassen«, sagte ich übermütig, und noch ehe ich mich versah, hatte Marc mich lachend über die Schulter geworfen.

»Oder ich pack dich einfach ein und bringe uns beide in Sicherheit!«

Tatsächlich konnte Marc mich bei der Hitze nur ein paar Meter tragen, doch die Message war angekommen. Marc würde nicht springen, und er würde auch nicht zusehen, wie ich sprang, denn beides würde unwiderruflich bei ihm zu einem Herzinfarkt führen. Und da mir doch einiges an meinem Mann lag, versuchte ich das tunlichst zu vermeiden.

Während einige aus unserer Reisegruppe sprangen und andere nur zusahen, kauften Marc und ich uns ein paar Snacks und picknickten auf einer Wiese, von der aus wir eine fantastische Aussicht hatten. Vor uns erstreckte sich die an dieser Stelle des

Canyons einhundert Meter tiefe Schlucht, mit ihrem dichten Baumbewuchs und den Wasserfällen.

»Danke«, flüsterte Marc mir zu und drückte mich fest an sich, während ich in seinem Schoß lag.

»Wofür?«, fragte ich verdutzt und richtete mich auf.

»Dass du mir deine Welt zeigst. Deine unfassbar schöne, aufregende Welt.«

»Ich danke dir, dass du dich getraut hast, sie mit mir zu betreten«, sagte ich lächelnd, und während hinter uns die Leute die Klippe hinabsprangen und vor uns unendliche Weiten lagen, waren wir einfach nur bei uns. Sich verlierend in den Augen des anderen.

Marc

Das Ruckeln des anhaltenden Busses weckte mich aus meinem unendlich erholsamen Powernap, nachdem wir an diesem Morgen wieder zu einer Zeit aufgestanden waren, zu der selbst die Affen noch schliefen. Mit schweren Augen folgte ich Michi, welche sich hüpfend von der Gruppe entfernte und nach links in einen unauffällig erscheinenden Trampelpfad abbog. »Hat deine Rechtslinks-Schwäche wieder zugeschlagen, Schatz?«, sagte ich so leise, dass sie es hoffentlich nicht hören konnte. Doch bei dem Anblick auf den Blyde River Canyon, der sich nach einer Kurve vor mir auftat, wusste ich, dass wir genau richtig waren. Es war so, wie Michi es immer beschrieben hatte. Magisch.

Eine riesige Schlucht, so breit und tief, wie ich es noch nie gesehen hatte, während sich durch das Tal ein türkisblauer Fluss schlängelte, welcher in einem riesigen See mündete. Das Wasser funkelte so stark, dass man das Gefühl hatte, der Grund müsse voller Saphire sein. Sämtliche Felsen des Canyons waren so dicht bewachsen, dass es unmöglich war, den Stein darunter zu erkennen. Der Dschungel hatte alles vollkommen verschlungen. Wunderschön und so ursprünglich, als ob noch nie ein Mensch einen Fuß hineingesetzt und seine Spuren hinterlassen hätte.

Hand in Hand saßen wir auf einem der obersten Vorsprünge. Natürlich musste ich etwas weiter weg von der Felskante als Michi sitzen, da sie immer besorgt war, ich könnte irgendwo abstürzen, während sie natürlich noch ein wenig näher an den Abgrund rutschte, um einen besseren Ausblick zu bekommen.

»Du musst weiter hinten bleiben, denn das ist zu gefährlich für dich!«, sagte sie in solchen Momenten immer frech, wobei sie das allerdings todernst meinte.

Wäre es nach mir gegangen, hätten wir den ganzen Tag hier verbringen können. Vollkommen beseelt ließen wir den Blick ins Land schweifen und genossen diesen Moment, den uns der Himmel geschenkt hatte.

Leider saßen wir viel zu schnell wieder im Bus, wo ich nur mit Mühe und Not einen Überredungsversuch nach dem anderen abwehren konnte, doch noch Bungee springen zu müssen. Denn hier hörte ihre Fürsorge, was potenzielle Gefahren anging, scheinbar auf. Da soll doch mal einer Michi verstehen!

Abschied
VON HUDINI

Und so endete unsere zweite Woche in Südafrika: mit verliebten Blicken, großer Freiheit und verrückten Träumen. Die letzten Tage mit neuen Aufgaben standen uns bevor, denn am Samstag würde unser Flug zurück nach Deutschland gehen. Nachdem wir am Montag ausnahmsweise erholt aufwachten, denn Rosie hatte die ganze Nacht vorbildlich geschlafen, ging es für Marc zur *food prep,* während ich für die Kliniktiere eingeteilt war. Unter Geschrei übergab ich Rosie an Marc, die als Dankeschön dafür gleich uns beide anpinkelte. Doch da in der Klinik kranke Tiere behandelt wurden, konnte ich sie unter keinen Umständen mitnehmen, weshalb sie wohl oder übel mit Marc vorliebnehmen musste. Für Rosie schien es aber eher ein Übel, denn obwohl die Klinik ein ganzes Stück entfernt war, hörte ich sie die ersten zehn Minuten unentwegt schimpfen, ehe sich das Grummeln legte und ich mich endlich auf meine Arbeit konzentrieren konnte.

In der Klinik zu arbeiten war auf der einen Seite sehr spannend, jedoch wurde man hier täglich mit den Verlusten unserer Schützlinge konfrontiert. Denn auch, wenn ich nun liebend gern sagen würde, dass wir all unsere Babys retten können, so sterben doch immer eine Handvoll Tiere. Die Gründe dafür sind unterschiedlich. Manche sind leider nicht überlebensfähig, da sie Behinderungen haben. Andere unserer kleinen Racker erkranken, und einige sind einfach zu klein, wenn sie in die Station kommen. Es ist traurig und herzzerreißend, denn oftmals baut man zu jedem seiner Klinikpatienten eine Bindung auf und betet, dass sie es alle schaffen. Doch in dem Moment, in dem man morgens den Raum betritt und das Erste, was man sieht, ein kleiner verstorbener Engel ist, wird einem bewusst, dass die Natur manchmal grausam ist.

Auch an diesem Morgen sollte mich genau dieser Anblick erwarten, denn als ich die Gehege kontrollierte, lag eine Meerkatze, gut zwei Jahre alt, reglos im Käfig. Ich atmete tief ein, und mein Herz blieb für wenige Sekunden stehen. Eine innere Leere überkam mich. Und auch, wenn ich nun am liebsten losgeweint hätte, musste ich mich an das Prozedere halten und prüfte erst einmal, ob es wirklich der Patient war, den ich vermutete.

Ich glich die Nummer auf dem Käfig und seinen Mikrochip mit unseren Aufzeichnungen ab, es war wirklich Hudini. Eine Träne lief mir über die Wange, und ich klappte das Buch zu. Mit geschlossenen Augen atmete ich tief ein und aus, ehe ich den nächsten Schritt laut Protokoll tat: den Projektmanager informieren. So schnell mich meine Beine tragen konnten, lief ich von der Klinik zum Büro. Auf der Veranda vor dem Büro angekommen, atmete ich noch einmal tief ein und aus, um mich zu beruhigen. Mit noch immer zittrigen Händen klopfte ich bei Jasmin an und teilte ihr die Umstände mit. Sie nickte nur und gab mir zu verstehen, dass sie sich später um die Meerkatze kümmern würde. Mit gesenktem Kopf und ausdruckslosem Gesicht stapfte ich zurück zur Klinik und stellte den Käfig mit Hudini, so wie Jasmin es mir erklärt hatte, beiseite. Am Mittag würde jemand nach dem kleinen Mann sehen und ihn dann obduzieren, um die Todesursache festzustellen.

In Gedanken versunken begann ich die Gehege der anderen Tiere sowie die Räume zu säubern, und als es Zeit fürs Frühstück war, bekam ich keinen Bissen runter. Stattdessen setzte ich mich mit Rosie in ein kleines Gehege und schaute dem Affenmädchen beim Toben zu, während die Vögel zwitscherten und die Sonne uns wärmte.

»Du weißt nicht, wie glücklich du mich machst«, sagte ich, als Rosie mir übermütig in die Arme sprang, um mit mir zu kuscheln. Tatsächlich munterte mich die Leichtigkeit und Lebensfreude dieses kleinen Wesens mehr als alles andere auf dieser Welt auf. Sie war so schön anzusehen. Einfach glücklich. Mein Kopf lehnte am weißen Gehege, während das kleine Mädchen langsam müde wurde und nun in meinen Armen einschlummerte.

Nachdem Marc zu Ende gefrühstückt hatte, kam auch er ins Gehege und legte seinen Arm um mich und Rosie. Kopf an Kopf gelehnt genossen wir den Moment, und ich spürte, wie sich die Leere in mir wieder füllte.

»Familie«, hauchte ich. Das ist für mich Familie. Sich ohne Worte verstehen, den anderen erkennen und immer bedingungslos lieben. Bis dato wusste Marc noch nicht, dass Hudini verstorben war, denn direkt nach der Arbeit wollte ich noch nicht darüber sprechen. Dennoch spürte er meine Trauer und schenkte mir einfach nur Trost.

Bedrückt erzählte ich ihm nach einer Weile von dem Verlust und begann zu weinen. Denn auch wenn ich bereits unzählige Tiere verloren hatte, lag mir jedes einzelne unfassbar am Herzen.

»Wir haben unser Bestes gegeben«, flüsterte Marc und strich sanft durch mein Haar.

Ich schluckte schwer, biss mir auf die Lippe und nickte. »Ich weiß!«

Und dennoch war es deprimierend zu wissen, dass das Beste nicht genug war. Wie sollte man auch verstehen, warum es ein Affe bis in die Freiheit schaffte, während ein anderer niemals durch die grünen Affenbrotbäume Afrikas springen würde? Eine Frage, auf die es keine Antwort gab. Daher versuchte ich, diesen Gedanken nicht mehr allzu oft zuzulassen, und erinnerte mich stattdessen daran, dass ohne die Arbeit von uns Helfern keiner dieser Affen jemals die unendlichen Weiten Afrikas erkunden würde!

Nach wenigen Minuten Schlummer war Rosie bereits wieder wach und riss mich mit ihren Spielereien aus dem Gedankenchaos. Ein Blick auf die Uhr verriet mir, dass es auch wieder Zeit zum Arbeiten war.

»Bereit fürs *bug catching*?«, fragte Marc und musterte mich skeptisch.

»Ich würde nichts lieber tun, als mit dir und Rosie auf Käferjagd zu gehen‘, erwiderte ich mit einem leisen Lächeln und stand auf. »Komm schon.«

Ich reichte Marc die Hand, und dank ihm, einem kleinen Affenbaby und riesengroßen Grashüpfern begann mein Herz schnell zu heilen.

Marc

Während meine bisherigen Wochenaufgaben überwiegend im Bereich Reinigung anzusiedeln waren, welche mir körperlich einiges abverlangten, bestand die Herausforderung in meiner neuen Aufgabe bei der *food prep* hauptsächlich darin, schnell zu sein und den Überblick zu behalten, denn alle anderen Stationen waren auf die pünktlichen Futterlieferungen angewiesen, um ihre Aufgaben abschließen zu können.

Ich hatte sogar das Privileg, für das Futter der Babys eingeteilt zu sein, welches mit großer Sorgfalt auf einem echten Tisch mit weniger Anstrengung klein geschnitten wurde. Die anderen Helfer waren für das Befüllen der Futterkörbe mit Macheten auf Baumstümpfen eingeteilt und schnitten das Obst daher nur in grobe Stücke. Zudem kümmerte ich mich hier um das Essen der Tiere in der Klinik sowie der *Sanctuary*-Tiere, der Affen also, die nicht mehr ausgewildert werden konnten. All jene benötigten speziell zubereitete Futterteller, mal sehr ballaststoffreich, mal ohne Obst, welches Durchfall förderte, mal nach persönlichen Vorlieben. Für jeden der Pfleglinge gab es eine separate Checkliste, die es genau zu beachten galt, und so schwang ich das Messer und zerteilte eifrig Papaya, Salatköpfe und die bei den Helfern ungeliebte Rote Bete, die sämtliche Käfige und den zu entfernenden Kot rot verfärben würde.

Nachdem Rosie ihren anfänglichen Trennungsschmerz von Michi überwunden hatte, machte sie es sich auf meinem Fuß bequem und forderte minütlich Aufmerksamkeit in Form von Trauben oder anderen Leckereien. Sie hielt sich dabei an meinem Unterschenkel fest und verfolgte mich auf Schritt und Tritt. Die eigentlich für sie bestimmte Tragetasche hing somit nur zu rein dekorativen Zwecken wie eine Schürze vor meinem Bauch. Heute wollte Rosie scheinbar nicht Känguru spielen, aber das war mir recht, denn so wurde im Falle einer Pipiattacke lediglich der Fuß nass.

Gerade als ich mit einer Schubkarre und Rosie auf dem Fuß in Richtung der Gehege unterwegs war, schrie sie laut auf und reckte ihre Arme zur Klinik. Sie hatte ungefähr hundert Meter entfernt Michi erspäht, die gerade durch die Tür heraustrat, um eine Matte mit dem Schlauch abzuspritzen. Der kleine Affe hatte somit definitiv bessere Augen als meine Frau. Michi blickte nur besorgt auf, als sie Rosies Schrei erkannte, und hörte heraus, dass es sich dabei nur um Quengeln handelte, was sie beruhigt ignorieren konnte. Zwar suchten ihre Augen für einen Moment die Umgebung ab, doch auf die Entfernung konnte sie uns nicht erkennen. Vermutlich würde sie später sagen, sie habe nur einen Backstein an einer Schubkarre stehen sehen.

Nachdem Michi aus unserem Sichtfeld verschwand, beruhigte ich Rosie, dass sie bald wieder zu ihr könnte. Sie meckerte zwar noch eine Weile, ließ sich am Ende jedoch mit einer Papaya bestechen – Korruption scheint sich beim Umgang mit Affen auszuzahlen. Eifrig stopfte sie sich die Backen voll! Ich lachte, denn so hatte sie deutlich mehr Ähnlichkeit mit einem zu groß geratenen Hamster als mit einem Pavian.

In der Pause teilte Michi mir die schreckliche Nachricht mit. Es machte mich traurig, denn ich hatte bei jeder Sonderfütterung oder Vitaminspritze, die wir Hudini gegeben hatten, gedacht, ein wenig mehr Lebensenergie in seinen Augen wahrgenommen zu haben. Und auch wenn mir bewusst war, dass es leider nicht alle schaffen können, war der erste Verlust eines Affen, welchen man selbst betreut hatte, etwas ganz Emotionales. In dem Moment, in dem man einen Schützling verliert, fühlt man sich einfach nur leer, wütend, traurig und verzweifelt.

Einfach
GLÜCKLICH

Nach dem Insektenfangen stand wieder *harvesting* auf dem Plan. Mit klappriger Schubkarre, zwei Macheten und einem schlafenden Baby gingen wir zum Fluss, wo wir die Tage zuvor gutes Gras erspäht hatten.

»Hier zu sein, fühlt sich an wie das Leben in einer Blase«, sagte Marc, während er schwitzend das Gras hackte.

»Ich weiß. So endlos. Man hat das Gefühl, schon ewig hier zu sein. Raum und Zeit verschwinden, wenn man jeden Tag im Hier und Jetzt verbringt. Ich liebe es«, sagte ich mit einem Blick zu ihm.

»Ja, es ist, als würde die Zeit stehen bleiben. Und würden Rosie und die anderen Babys nicht immer schwerer und größer werden, würde man ganz vergessen, dass sie weiterläuft.«

Die Sonne grillte uns an diesem Morgen, und da es seit Wochen kaum geregnet hatte, war selbst am Fluss das frische Gras sehr rar. So stapften Marc und ich mit halb gefüllter Schubkarre weiter am Wasser entlang.

Plötzlich raschelte es im Gras, und wir blieben beide starr stehen, bis eine kleine Horde wilder Perlhühner unseren Weg kreuzte. Diese schienen über uns genauso erschrocken wie wir über sie, weshalb sie gackernd den Weg entlanghuschten und bei der erstbesten Gelegenheit im hohen Gras verschwanden.

Marc und ich lachten, und als er mich fragte, warum wir überhaupt so kicherten, flüsterte ich: »Weil es gesund ist!« Etwas weiter flussabwärts fanden wir weiteres frisches grünes Gras, und nach einer halben Stunde hatten wir genug gesammelt. Unser Grünzeug brachten wir von dort aus direkt zum Main Camp, wo wir das Gras über den Zaun warfen, während die Paviane sich auf der anderen Seite um jedes Büschel stritten.

»Kaum zu glauben, dass ich einige von ihnen vor vier Jahren genauso wie die kleine Rosie herumgetragen habe«, sagte ich nostalgisch.

»Das ist wirklich schwer vorzustellen!«, stimmte Marc mir zu.

»Erkennst du einige von ihnen wieder?«

»Ich bin mir nicht sicher. Barney muss irgendwo dort sein, doch zum Essen kommen meistens nur die gleichen Affen an den Zaun. Und zu denen zählt er nicht. Allerdings habe ich bei meinem letzten Aufenthalt vor einem Jahr Blossom gesehen. Ihr Gesicht ist unverkennbar«, erklärte ich und scannte das Gehege nach vertrauten Affengesichtern ab. Leider ohne Erfolg. Die vier großen Männchen, die vor uns saßen und sich um das Gras stritten, waren mir leider unbekannt.

Manche Affen verändern sich sehr, wenn sie älter werden. Paviane bekommen eine andere Fellfarbe, ein dunkleres Gesicht, die Nase wird sehr viel länger, und erst mit der Pubertät bildet sich die eigentliche Statur aus. Daher ist es fast unmöglich, einen ausgewachsenen Pavian wiederzuerkennen, wenn man ihn zuletzt als Baby oder Kleinkind gesehen hat. Somit war ich zwar allen Affen, die sich hier im Main Camp tummelten, schon mal begegnet, konnte sie aber nicht beim Namen nennen.

»Komm, komm«, forderte Marc mich auf und rollte die klapprige Schubkarre über den sandigen Boden voller Schlaglöcher, während ich die schlafende Rosie und unsere Macheten trug. Am Haupthaus angekommen war es bereits elf Uhr und damit Zeit für den *baboon walk*. Die kleinen Paviane giggelten bereits ganz aufgeregt hinter dem Zaun und warteten sehnsüchtig darauf, dass alle Helfer ein Poo-Shirt übergezogen hatten, damit sie endlich freigelassen wurden. Marc entschied sich heute für ein dezentes Grün, und auch ich blieb bei einem sanften Grünton, da mein Lieblingsshirt noch in der Wäsche war.

Lily öffnete die Tür des Geheges, und die verrückte Meute stürmte heraus. Tyga hüpfte Marc ohne Umwege in die Arme, und als mich gefühlt zehn Affen gleichzeitig ansprangen, war ich auf Wolke sieben angekommen – auch wenn es bei 40 Grad ganz schön warm unter einem Mantel aus lebenden Affen werden kann. Immerhin haben die Kleinen nicht nur ein ganz schön dickes flauschiges Fell, sondern jedes der heranwachsenden Tiere hat gut und gern seine fünf Kilo. Damit wird selbst ein kurzer Spaziergang zum Fluss zum Ausdauersport.

Unten angekommen setzte ich mich an den Pool, und ein Affe nach dem anderen sprang von mir ab, um zu toben. Nur die kleine Rosie war mal wieder in Schlummerstimmung. Mit ihr im Arm legte ich mich auf den Boden und beobachtete die Wolken, die am Himmel über uns vorbeizogen. Marc und Tyga lagen direkt neben uns, und auch die beiden entschieden sich, heute lieber einen Mittagsschlaf zu halten, als auf Abenteuerreise zu gehen. Unbewusst rückten wir immer näher zueinander, und als sich unsere Köpfe berührten, grinsten wir uns an, während sich nun auch unsere Hände einen Weg zueinander bahnten.

Momente wie diese würde ich am liebsten einfrieren, um sie immer wieder aufzutauen, wenn ich mal traurig bin. Dann würde ich mich in diesen Augenblick zurückversetzen, als Marcs Stirn sanft gegen meine rollte und seine schmutzige, sandige Hand Zentimeter für Zentimeter zu meiner rückte. Ich würde die Wärme spüren und die Vögel über mir hinwegfliegen sehen. Und ich würde mich an das Bauchweh erinnern, welches ich vor Lachen bekam, als Tyga Marc die Frau streitig machte. Denn als das kleine heranwachsende Männchen aufwachte und sah, dass Marc und ich Händchen hielten, fühlte er sich eindeutig benachteiligt. Bockig sprang der kleine Mann auf, pinkelte Marc an und riss dabei an unseren Händen.

»Tyga!«, sagte ich mit mahnender Stimme, doch der kleine Affe blieb unbeeindruckt und jammerte stattdessen weiter. Erst als er meine Hand ganz für sich alleine hatte und Marc ihn mit beiden Händen streichelte, gab er sich zufrieden.

Wange an Wange gekuschelt schliefen Marc und Tyga dann ein, während ich mit dem einen Händchen hielt und dem anderen durchs Haar streichelte.

Die kleine Rosie bekam von all dem nichts mit, denn sie war tief und fest am schlafen, was für Marc und mich eine weitere schlaflose Nacht bedeutete, denn wir hatten heute Nachtdienst und ein ruhiger Tag bedeutete meist eine schlaflose Nacht.

Viel zu oft messen wir den kleinen Dingen im Leben zu wenig Bedeutung bei und den großen zu viel. Ich frage mich dann, woran das liegt. Wir streben nach Macht, Anerkennung und dem großen Glück. Ich weiß, dass genau dieses Streben, dieses »Nie-zufrieden-Geben« den Menschen dahin gebracht hat, wo er heute ist. Dank diesem Wesenszug können wir heute fliegen, Ozeane überqueren und Träume ausleben. Dank diesem Streben konnte ich in Südafrika zwischen Affen sitzen. Doch was ich mir für mich und andere wünsche, ist, dass wir bei all diesen Möglichkeiten nie die Verbindung zur Natur verlieren. Denn wenn ich den Wind und die Vögel beobachte, meinen schlafenden Mann und die springenden Affen höre, wenn ich in Südafrika im Sand sitze und es mir einfach nur gut geht, weiß ich, dass Glück eigentlich ganz einfach ist.

Marc

Das Glück, welches ich in Südafrika empfand, lag vor allem in der Einfachheit der Dinge.

Glück bestand für mich darin, die Verantwortungen der täglichen Verpflichtungen des »normalen Alltags« für einige Wochen hinter mir gelassen und aus den Gedanken verbannt zu haben, die Hektik und Verbindlichkeit der täglichen Termine zu entschleunigen und meinen Geist und Körper für die Wahrnehmungen des natürlichen und einfachen Lebens, das ich dort führen durfte, zu öffnen.

Ich nahm Dinge in diesem Zustand gänzlich anders wahr, so viel intensiver und klarer, dass es sich anfühlte, als könnte man, mitten in der Natur, die abstrahlende Energie der Tiere, Pflanzen und der Umgebung in sich aufsaugen wie ein Schwamm und in ein einfaches Lächeln und Wohlbefinden umwandeln.

Noch heute kann ich mich in ruhigen Momenten in die Erlebnisse dort einfühlen, habe die Perlhühner vor Augen, wie sie plötzlich im Wald unseren Weg kreuzten, spüre

Tygas Köpfchen auf meiner Brust während des Mittagsschlafs am Pool und Michis Hand in meiner, während ich das Piepen der exotischen Vögel im Ohr habe und den Geruch des langsam fließenden Flusses vernehme.

Ich schaffte es dort wie nie zuvor, ganz aus dem Herzen zu leben. Für alles, was ich dort erlebte, bin ich unendlich dankbar, denn Südafrika bescherte mir nicht nur die mit schönsten Erinnerungen meines Lebens, sondern auch tiefgehende Erkenntnisse.

So weiß ich nun, dass mein Herz ein besseres Gedächtnis als mein Gehirn hat. Es fügt den Erinnerungen neben reinen Informationen auch Gefühle hinzu und ist in der Lage, diese in einer Intensität zu reproduzieren, die mich immer wieder erfüllt!

Diese Erkenntnis war vermutlich das größte Glück, welches ich bei den Affen erleben durfte, und im Gegensatz zu ihnen werde ich sie immer bei mir tragen dürfen. Tief im Herzen.

Zwei Herzen,
DIE FÜR AFFEN
SCHLAGEN

*D*ie letzte Woche in der Station verging wie im Flug, und ehe wir uns versahen, war es Donnerstag. Unser letzter Tag im Camp, denn am Freitag würden wir gemeinsam den Kruger National Park besuchen.

Da ich in den letzten Tagen einige meiner Klinikpatienten hatte entlassen können, war nur noch ein Tier zur Beobachtung dort, weshalb ich bereits nach einer Stunde mit meiner morgendlichen Routine fertig war. Aus diesem Grund half ich Marc und den anderen Mitarbeitern bei der *food prep*. Bereits als Rosie mich in der Ferne erspähte, kam sie schreiend angerannt und hüpfte mir in die Arme, als ich mich hinkniete.

»Oh, wie soll ich dich nur in zwei Tagen zurücklassen?«, flüsterte ich und drückte das kleine Äffchen an mich. Mit ihr im Arm half ich Marc das Essen für die Strauße vorzubereiten, die ebenfalls auf der Farm wohnten und die ich bis dato noch nicht ein Mal besucht oder gefüttert hatte. Gemeinsam schnitten wir die

Papaya in lange schmale Streifen, bröselten das Brot klein und rissen die Salatblätter in winzige Stücke.

Als Rosie mich mitten beim Arbeiten vollmachte, lachte Marc los, denn er hatte sie den ganzen Morgen über betreut und war sowohl von einer Pipi- als auch von einer Durchfallattacke verschont geblieben. Dafür bekam ich beides auf einmal ab.

»Was lachst du so doof? Steht mir das nicht?«, sagte ich fröhlich und präsentierte die Flecken. Nach drei Wochen Affenbetreuung nimmt man fast alles mit Humor.

»Doch, doch! Siehst super aus«, spöttelte Marc.

»Ach, glaubst du, dass du in deinem rosa Shirt, deinen türkisfarbenen Handschuhen, der bunten Babytrage um die Hüfte und den Essensresten im Haar besser aussiehst?«, konterte ich kichernd, und als Marc an sich runterschaute, merkte er, dass er mindestens genauso lächerlich wie ich aussah.

»Dafür stinke ich nicht.«

»Doch«, sagte ich und gab ihm einen Kuss auf die Wange. Dann schnappte ich mir das Futter, um die Strauße zu füttern. Eine neu angekommene Freiwillige half mir dabei, und nachdem wir unsere drei Strauße gefüttert hatten, gingen wir zurück zur *food prep* und halfen dem Rest der Truppe beim Aufräumen und Säubern, ehe es Frühstück gab.

An diesem Morgen war ich relativ still beim Essen, und als ich durch die Bankreihen blickte, begann ich plötzlich zu weinen.

»Alles gut?«, fragte Marc entsetzt, und auch alle anderen schauten mich besorgt an.

»Michi?«, fragte Lily, und alles, was mir über die Lippen kam, war ein leises: »Ich will nicht gehen!«

»Oh«, sagten Marc und Lily, die links und rechts von mir saßen, und nahmen mich beide in den Arm.

»Wir kommen doch wieder«, wollte Marc mich aufmuntern, aber es half alles nichts. Die letzten Wochen hier hatten mir eine Welt eröffnet, von der ich niemals zu träumen gewagt hätte. Vier Jahre lang hatte ich niemanden in mein kleines Stück Himmel lassen wollen. Dann kam Marc. Er schaffte es, den Himmel noch ein wenig bunter, die Sonne noch ein wenig wärmer und die Sterne noch ein wenig heller erstrahlen zu lassen. Es war mein ganz persönliches Paradies. Doch nun waren unsere letzten Stunden auf der Farm angebrochen, und das machte mir schwer zu schaffen, denn am liebsten wollte ich doch für immer mit Marc an dem Ort bleiben, wo uns wilde Affen die Wäsche klauten.

Als wir nach dem Frühstück nämlich zurück zur Futterstation gingen, begrüßte uns eine wilde Truppe Meerkatzen, die gerade dabei, war sich mit unseren Putzlappen und Handtüchern einzudecken.

»HEY!«, schrie ich laut, woraufhin die Affen von der Leine sprangen und über die Baumkronen flüchteten. Allerdings mit gut der Hälfte unserer Wäsche.

»Hier ist wirklich nichts sicher«, stellte Marc fest.

»TIA«, entgegnete ich nur und sammelte dann die übrigen Lappen und Tücher auf. Als ich mich gerade bückte, um einen weiteren Lappen aufzuheben, warf Marc mir ein kleines Tuch über.

»Genug geschmollt! Gerade weil es unser letzter Tag bei den Affen ist, machen wir das Beste draus! Lass uns jede freie Sekunde in den Gehegen verbringen! Ich will heute noch mal spüren, wie Tyga unter meinem Shirt einschläft, und sehen, wie Penny deine Haare laust. Ich mag Rosie heute Nacht das Fläschchen geben und mir mit dir meine liebsten Lieblingsmomente in Erinnerung rufen. Und wenn wir dann abreisen, ist immer noch genug Zeit, um traurig zu sein.«

Für einen Moment hielten wir beide inne. Alles war still, und dann wurde ich laut. Laut vor Lebensfreude.

»JAAAA!«, rief ich lachend, und die Trauer war vergessen.

»Gut«, sagte Marc und gab mir ein High Five.

»Aber du hast was vergessen!«, stellte ich übermütig fest.

»Und das wäre?«, fragte Marc stirnrunzelnd.

»Lass uns heute einen unschlagbaren Käferfangrekord aufstellen!«

Ich stellte einen Timer auf sechzig Minuten ein, und als ich auf »Start« drückte, legten wir los. Damit fiel der Startschuss für unsere letzte Käferjagd, die die erfolgreichste aller Zeiten werden sollte. Hochkonzentriert und mit schlafendem Baby streunerten wir durch das Gebüsch und fingen im Minutentakt jeden Käfer, der uns über den Weg hüpfte.

»Siebzig!«, rief ich, und wenig später waren wir bereits bei hundert angelangt.

Als nach genau sechzig Minuten der Alarm meines Handys klingelte, war unsere Box neben 134 Grashüpfern mit zwölf Libellen, sieben Gottesanbeterinnen und drei Motten gefüllt. Wenn es einen Weltrekord im Rieseninsektenfangen geben würde, hätten wir diesen an jenem Tag definitiv übertroffen. Frances wäre nun für die nächsten Tage versorgt.

»Yes, yes, yes«, jubelte ich und hüpfte auf und ab, als Marc mir unseren Fang zeigte. Ich freute mich wie ein Kind – so wild, so frei, so verspielt. Nur einem kleinen Freund schien mein Gepolter nicht zu gefallen. Rosie, die davon aufwachte und erbost darüber war, dass ihr Fläschchen noch nicht aufgefüllt war. Schimpfend krabbelte sie aus ihrem Beutel, setzte sich auf meine Schulter und begann an meinem Ohr zu saugen. Ein typisches Verhalten für kleine Äffchen, da diese normalerweise zur Beruhigung an der

Brust ihrer Mama hängen würden. Dennoch schien sie mein Ohrläppchen nicht zu hundertprozentig zufriedenzustellen, weshalb sie immer wieder darauf rumkaute und mir lautstark ins Ohr schrie.

»Ich weiß, dass du Hunger hast«, murmelte ich und versuchte sie mit Streicheleinheiten zu beruhigen, als Marc und ich uns auf den Rückweg zur Farm machten. Dort angekommen bereitete ich Rosie sofort ein neues Fläschchen zu, was allerdings zu einer wahren Herausforderung wurde, da der kleine Affe genauso ungeduldig war, wie ich es sonst bin. Schimpfend machte sie sich bereits über das leere Fläschchen her, während die Milch noch erhitzt wurde. Zu ihrem Entsetzen war die Flasche noch nicht gefüllt, weshalb sie sie auf den Boden warf und schmollend in meine Arme sprang.

»So werden wir nicht schneller fertig«, sagte ich, strich ihr über den Nasenrücken und hob die Flasche auf. Unterdessen war die Milch aufgewärmt, sodass Marc sie umfüllte, während ich Rosie ablenkte. Als das Essen dann nach weniger als fünf Minuten fertig war, stürzte sich der kleine Affe auf die Flasche und ließ sie nicht mehr los, ehe sie komplett leer getrunken war.

»So geht es mir mit dir auch immer«, witzelte Marc über meine Ungeduld.

»Ja, du hast eine unglaublich freche und liebenswerte Frau an deiner Seite. Das wolltest du mir doch damit sagen«, meinte ich und zwinkerte ihm zu.

»Nichts anderes«, sagte er und küsste mich auf die Stirn.

Nach der Fütterung unseres kleinen Raubtieres war es bereits Zeit für unseren letzten *baboon walk*. Dieser und die Aufgaben am Nachmittag vergingen wie im Flug, und als Lily uns sagte, dass wir nur noch die Wäsche abhängen müssten und dann Feierabend machen dürften, wurde Marc starr.

»Das war unser letzter Arbeitstag«, stellte auch er nun etwas betrübt fest, als wir die Handtücher falteten. Ich nickte nur, und dann nahm Marc mich ganz fest in den Arm. Ich spürte in jedem tiefen Atemzug seine Trauer und mit jedem Schnauben seine Fassungslosigkeit. Auf einmal wurde der baldige Abschied auch für ihn real.

»Komm, lass uns zu den Affen gehen«, schlug ich vor und löste mich aus seinen Armen. Dieses Mal war er es, der nur nickte. In diesen letzten Momenten mit den Affen sprachen wir kaum miteinander. Ein jeder von uns war vertieft darin, alles wie ein Schwamm aufzusaugen und all die Eindrücke festzuhalten, damit sie so lange wie möglich intensiv im Gedächtnis blieben. Gerüche, Geräusche, Berührungen – alles war magisch, und doch sind solche Erinnerungen oft nur wie ein sanfter Hauch von all dem, was diesen Augenblick wirklich ausgemacht hat. Ein Augenblick für die Ewigkeit.

Die Sonne Südafrikas verschwand hinter dem Maschendrahtzaun, während immer wieder ein Affe durch mein Blickfeld sprang. Penny landete auf meinem Kopf und begann freudig zu giggeln. Sorgfältig lauste sie eine Strähne nach der anderen. Ich lächelte, und ein Gefühl von Glückseligkeit breitete sich in mir aus. Vollkommen frei von Gedanken und ganz präsent genoss ich einfach nur den Moment – der zu den schönsten meines bisherigen Lebens gehörte. Denn was ich gerade sah, bestärkte mich in meinem Glauben an grenzenlose Liebe, Glück und Wunder.

Marc saß an der Wand mir gegenüber. Er kuschelte seinen kleinen Tyga und schloss glücklich die Augen. Die Haare meines Mannes waren vollkommen zerzaust, sein beiges XXL-Poo-Shirt war voller Affenkacke, und seine alten Gummistiefel waren ganz zerbissen von den frechen Affen. Ja, er schaute aus, als wäre er zu Fuß von Deutschland nach Südafrika gegangen und hätte daher seit Tagen nicht geduscht. Aber das war mir irgendwie egal.

In jenem Moment sah ich nicht, was ihn augenscheinlich ausmachte, sondern blickte in sein Herz. Plötzlich waren wir vollkommen miteinander verbunden. Ich spürte, was er spürte: Zufriedenheit, Entspannung und das Gefühl, endlich angekommen zu sein. Und auf einmal verschwamm die Welt, und wir wurden eins. Ein gemeinsames Herz, das für Affen schlägt. Und wann immer ich Marc ab jenem Moment ansehen würde, würde ich in mein Spiegelbild sehen – das Gesicht eines Menschen, der bereit ist, ein Leben für die Affen zu leben.

Marc blickte auf und lächelte mich an. Er schwieg, und doch spürte ich die Dankbarkeit, die er mir für die letzten drei Wochen, die letzten zwölf Monate und diesen einen Moment entgegenbrachte, weil ich den Grundstein für dieses Leben gelegt hatte.

Vermutlich hätte ich nie aufgehört, diesen Augenblick aufzusaugen, wenn Penny mir nicht gerade in diesem Moment beim Lausen ein Büschel ausgerissen hätte.

»Aua«, sagte ich, und das heranwachsende Affenmädchen schaute mich verdutzt an. ›Habe ich dir etwa wehgetan?‹, las ich in ihrem Blick, während sie mit einem Büschel meiner Haare wedelte.

»Ziemlich«, meinte ich schmunzelnd. Doch ich könnte meinen Affen nie böse sein. Vielmehr drückte ich mein Mädchen, was bereits jetzt so groß geworden war, an mich und spürte unsere tiefe Freundschaft.

»Ich habe dich lieb, freche Penny – euch alle«, flüsterte ich, und als könnte sie mich verstehen, begann sie freudig zu giggeln, ehe sie wieder auf meinen Kopf sprang, um sich erneut im Lausen zu versuchen.

Auch Jane und die anderen Affen kamen zu mir, und Marc und ich waren umgeben von kleinen frechen Affen, die zum Abschied voller Liebe und Dankbarkeit mit uns kuschelten.

Wenn mich jemand fragt, was ich am meisten an meiner Arbeit mit den Affen liebe, dann sage ich immer, dass ich ihnen ein Leben schenke. Aber in diesem Moment wurde mir klar: Es ist so viel mehr. Wir schenken uns gegenseitig ein neues, freies, sorgloses Leben in Verbindung mit der Natur, bedingungsloser Liebe und grenzenloser Freundschaft. Denn am Ende des Tages sind wir alle eins: ich, Marc, die Affen und Mutter Natur.

Marc

Wenn irgendetwas Schönes oder Geliebtes zu Ende geht und wir wissen, es ist bald Zeit, Abschied zu nehmen, fangen wir schnell an, unruhig zu werden und in Resignation zu verfallen: »Das war das letzte Mal, dass wir das und das gemacht haben.« Mit dieser Einstellung ist es jedoch nicht möglich, die letzten Momente voll auszukosten und als etwas Besonderes in Erinnerung zu behalten, denn man fürchtet sich vor diesen Momenten.

Auch wenn es Michi und mir schwerfiel zu akzeptieren, dass es unser letzter Tag mit den Affen war, schafften wir es letztlich, ihn in vollen Zügen auszukosten. Schließlich gelang es uns auch durch die tiefe Gewissheit, dass es sicher nicht unser letzter Besuch bei den Affen sein würde. Losgelöst von Reue und Melancholie entstand so ein wahrlich perfekter Moment, den Michi gerne als einen der schönsten ihres Lebens beschreibt.

Mit ihr an meiner Seite habe ich mich für so viel Neues geöffnet. Nicht nur für ein verrücktes und früher nie vorstellbares Leben inmitten von Affen, sondern auch für die Freiheit, die ich spüre, seit sie mich an die Hand nimmt und all meine mentalen Grenzen sprengt.

Ich wünsche mir manchmal, dass jeder eine Michi und hundert Affen im Leben hätte, damit ein jeder so glücklich und erfüllt wie ich sein kann. Denn das ist wohl das, was viele mit Erfüllung verbinden: den Sinn des Lebens zu finden. Und bei uns – mögen wir noch so verschieden sein – ist das ein Leben für die Affen, die Wildnis und die Ozeane dieser Welt. Ein Leben in Verbundenheit mit der Natur, die uns umgibt – egal wo wir sind!

Auf
SAFARI

Den letzten Tag unserer Südafrikareise sollten wir im Kruger National Park verbringen. Bereits um vier Uhr in der Früh starteten wir, um den ganzen Tag auf Safari zu sein. Während ich in der Regel kein Problem damit habe, in aller Herrgottsfrühe aufzustehen, scheint für Marc jede Bewegung vor sieben Uhr morgens eine Qual zu sein.

»Ich will doch keine wilden Tiere sehen«, jammerte er, als ich ihn um halb vier weckte.

»Komm jetzt, Marc«, jubelte ich, bevor ich ins Bad ging. Als ich wenig später zurückkam, lag mein verschlafenes Faultier noch immer im Bett und drückte sein zerknautschtes Gesicht ins Kissen. Auch wenn er sich nun gewünscht hätte, sanft und liebevoll geweckt zu werden, entsprach das so gar nicht meinem Naturell. Vielmehr zog ich ihm die Decke weg, begann wild auf dem Bett zu hüpfen und kitzelte zu allem Übel seine Füße.

Schnaubend und jammernd drehte Marc sich um und warf mir einen bösen Blick zu, den ich mit einem frechen »Aufstehen!« von mir abprallen ließ.

Um zehn vor vier schaffte es Marc endlich, sich aufzuraffen. Und obwohl er nur zehn Minuten Zeit hatte, um sich fertig zu machen, war er es, der vor mir am Auto stand. Zu meiner Verteidigung muss ich sagen, dass das daran lag, dass ich auch noch unseren Rucksack packen musste.

Mit einem breiten Grinsen auf den Lippen hüpfte ich in den Wagen. Marc und die anderen beiden Helferinnen, die uns begleiteten, schauten mich nur verdutzt an und waren bereits nach wenigen Metern Fahrt wieder eingeschlafen. Doch auch mich überkam irgendwann die Müdigkeit, und so verschlief ich unsere zweistündige Anfahrt zum Nationalpark. Das Gute daran war, dass die Fahrt so schnell vorbei war. Das Schlechte, dass ich den ersten Kaffeestopp verpasst hatte.

Wir fuhren durch das Orpen Gate, eine der sieben Zufahrten zum Kruger National Park. Bei der Einfahrt wurden unser Wagen und der Kofferraum nach Waffen kontrolliert, eine Sicherheitsmaßnahme, um Wilderei vorzubeugen, und dann konnte es endlich losgehen. Da es mittlerweile auch bereits halb sieben war, war mein Mann wieder halbwegs ansprechbar.

Und als die ersten wilden Springböcke an uns vorbeihüpften, saß er mit plattgedrückter Nase am Fenster und strahlte übers ganze Gesicht.

Wer auf Safari geht, muss sich von der Illusion befreien, alles sehen zu können, was man möchte. Immerhin ist die Wildnis kein Zoo. Aber gerade das macht es so spannend, denn so begegnen einem auch kleine Tiere, denen man sonst nie Beachtung geschenkt hätte. Wie dem kleinen Honigdachs, den Marc bereits nach wenigen Metern erspäht hatte.

»*Honey badger!*«, rief Marc und zeigte ins Gebüsch, wo ein kleiner Honigdachs sich seinen Weg bahnte. Das ganze Auto war begeistert, und Marc fühlte sich gleich zu Beginn der Fahrt wie der Safarikönig. Doch damit stiegen auch die Erwartungen an ihn, bitte mehr tolle Tiere zu erspähen.

In den ersten Stunden sahen wir tatsächlich allerhand Wildtiere: Elefanten, Büffel, Flusspferde, unzählige Vögel und eben den besagten Honigdachs.

Doch ab zehn Uhr wurden die hohen Gräser immer verlassener. Vielen Tieren war es zu heiß, sodass sie sich in den Schatten zurückzogen und kaum bewegten, was es umso schwerer machte, sie zu entdecken. So hätten wir fast eine schlafende Giraffe direkt am Wegesrand übersehen, weil sie regungslos im hohen Gras lag und trotz ihrer auffallenden Färbung gut getarnt war. Bis zum Mittag sollte das jedoch auch das einzige neue Tier gewesen sein, das wir in unserem Safaribuch abhaken konnten.

Während des Mittagessens berieten wir über die Route, die wir nun nehmen wollten. Zwei Tiere, die wir alle unbedingt sehen wollten, waren Löwen und Nashörner. Daher entschieden wir uns, eine Straße zu nehmen, auf der am späten Vormittag ein Rudel Löwen gesichtet wurde.

»Ich hoffe, dass wir noch ein Nashorn sehen«, sagte Marc aufgeregt.

»Mein Traum wäre ein Krokodil«, meinte ich grinsend.

Am Ende sahen wir weder ein Nashorn noch ein Krokodil. Und auch das Löwenrudel war schon weitergezogen. Stattdessen sahen wir gefühlt eine Millionen »Afis«. Und nein, ich spreche nun nicht von Affen, die sich an diesem Tag auch gut versteckten, sondern von der Abkürzung für Impala oder Springbock. »Afi« bedeutet nämlich »*another fucking impala*«.

Als wir den Park bereits fast verlassen hatten, ereignete sich dafür ein anderer unvergesslicher Moment. Eine Gruppe

Elefanten passierte die Straße, und als wäre es nicht schon atemberaubend genug, über zwanzig Elefanten auf einmal zu sehen, hatte fast jede Elefantenkuh ein Baby dabei. Und so tapste eine Mama nach der anderen mit einem putzigen Kalb über die Straße, während die untergehende Sonne Südafrikas dieses Bild mit ihren leuchtenden Farben krönte.

Wir alle saßen sprachlos im Wagen, und erst, als das Spektakel vorbei war, dachte Jasmin daran, ein Video aufzunehmen, um es an alle aus der Gruppe zu senden. Doch auch wenn ich diesen Moment nie vergessen werde, habe ich mir die Aufnahme bis heute nicht angesehen. Denn dieser Moment ist für immer in meinem Herzen, ganz präsent, sobald ich meine Augen schließe. Und damit endete unsere Safari. Obwohl wir verhältnismäßig wenig Tiere aufgespürt hatten, waren alle glücklich und zufrieden. Gegen sechs Uhr abends erreichten wir die Farm, und dann hieß es für Marc und mich packen, denn morgen früh würden wir abreisen.

»Gehen wir gleich noch mal zu Tyga?«, fragte Marc traurig, während ich seine saubere Wäsche zusammenlegte.

»Ins Gehege können wir nicht, aber wir können ihn beim Schlafen beobachten«, sagte ich zu meinem Mann, der nun auch mit dem Abschied zu kämpfen hatte.

Ohne viel miteinander zu sprechen, packten wir nach und nach alles in unsere Reisetaschen. Gegen sieben war endlich alles verstaut. Nun hieß es, verspätet zu Abend zu essen, die kleine Rosie für eine letzte Nacht einzusammeln und zum Abschluss zum Paviangehege zu spazieren.

Jeder dieser Schritte fiel uns beiden schwer. Beim Essen stocherten wir beide gedankenversunken in den Nudeln, und als ich Rosies Nachtflasche vorbereitete, nahmen wir einander immer wieder in den Arm. Schweigend trugen wir die kleine Box mit dem schlafenden Äffchen auf unser Zimmer, und als sie zu schreien begann, freute ich mich sogar ein wenig, sie noch mal füttern und halten zu können. Wie immer stürzte sich der kleine Affe auf die Flasche, auch wenn sie dieses Mal kaum trank, sondern nur zur Beruhigung nuckelte. Für eine Stunde brachte ich es nicht übers Herz, sie zurück in die Box zu legen, doch da wir noch zu Tyga und den anderen gehen wollten, war es Zeit, sich zu verabschieden – sofern sie heute durchschlafen würde.

Sanft küsste ich das kleine Köpfchen mit den goldenen Augenbrauen und legte die kleine Rosie behutsam schlafen. Sie war zum Glück bereits so tief am Schlummern, dass sie nicht wach wurde. Marc und ich konnten also ohne schlechtes Gewissen einen kurzen Spaziergang machen.

Draußen schienen die Sterne hell. Der Mond war fast voll. Die Grillen summten ihre Lieder. Wir drehten eine kurze Runde über das Gelände und ließen sämtliche Erinnerungen Revue passieren.

»Weißt du noch, als wir hier die Kobra gesehen haben?«, fragte Marc mit weit aufgerissenen Augen.

»Ja, ich erinnere mich, wie du kreischend weggelaufen bist«, scherzte ich.

»Pffff«, kam es von ihm.

»Es war so lustig, als wir Rosie zum ersten Mal in ihrem Beutel im Baum aufgehängt haben beim Insektenfangen«, meinte Marc und deutete auf einen der Bäume.

»Und wie sie kreischend in meinen Arm gesprungen ist«, fügte ich hinzu.

»Ach, das war immer so süß, wenn sie dich von Weitem hat kommen sehen und dann wie wild losgestürmt ist, um dich zu kuscheln. Es ist so schön zu sehen, dass die Affen so auf dich geprägt sind wie ich«, schwärmte Marc.

»Ja«, sagte ich und überließ mich meinen Tagträumen. Von Rosie, von Tyga, von Grashüpfern und Buschbabys, davon, wie wir gemeinsam meinen liebsten Ort der Welt besucht hatten, und von den frechen Perlhühnern, die uns den Tag versüßten. Ich erinnerte mich an mein Gespräch mit Liz und daran, wie wir diesen kleinen Erfolg gefeiert hatten. Wie im Zeitraffer liefen die letzten drei Wochen vor meinem inneren Auge ab, jeder Kuss, jede Pipiattacke, jede schlaflose Nacht und jedes »Ich liebe dich«. Diese Flitterwochen waren wohl alles andere als gewöhnlich, aber genau das machte sie so wertvoll.

»Komm jetzt«, riss Marc mich aus meinen Gedanken. »Wir müssen noch zu Tyga.«

»Na gut«, quietschte ich freudig und rannte los.

Marc

Für mich war der Besuch des Kruger National Park zum Abschluss unserer Flitterwochen einfach das Größte, und ich war unfassbar froh, dass wir es zeitlich gerade noch so geschafft haben.

Da ich mich für alle Arten von Tieren begeistern kann und nicht nur nach den Big Five (Elefant, Nashorn, Büffel, Löwe, Leopard) Ausschau hielt, wurde die Fahrt für mich zu keiner Zeit langweilig. Wo manche nur »viele Vögel« sahen, erkannte ich Geier, Glanzstare sowie die Bruthöhlen der Bienenfresser, und wo Michi nur einen Backstein sah, erkannte ich den Honigdachs. Für mich war es ein Abenteuer, so viele Tiere wie möglich zu sehen und zu bestimmen. Eifrig hakte ich in einem Safariführer ein Tier nach dem anderen ab und sah dabei vermutlich aus wie ein Kleinkind, das mit seinem Buntstift ein Malbuch dekoriert.

Nachdem wir bereits einige Antilopenarten zu Gesicht bekommen hatten, erreichten wir eine weitläufige Wasserstelle, an welche unzählige Tiere zum Trinken kamen. Während wir dort hielten, tauchte zunächst ein großes und kurz darauf ein Baby-Flusspferd auf. Dieser Anblick war für mich so atemberaubend, dass ich am ganzen Körper Gänsehaut bekam. Solch eine Erfahrung ist keinesfalls mit irgendeinem Zoobesuch zu vergleichen. Die Tiere sind frei, zu tun und zu lassen, was sie wollen, und diese Flusspferde entschieden sich dazu, bereits nach wenigen Sekunden wieder abzutauchen. Diese Sekunden waren jedoch genug, um für mich eines der Highlights unserer Safari zu werden.

Letztlich begeisterten mich alle Tiere gleichermaßen, und ich war den Nashörnern und Großkatzen auch nicht böse, dass sie es an diesem heißen Tag vorzogen, sich im Schatten zu verstecken. An ihrer Stelle hätte ich es vermutlich genauso getan. So verpassten die Löwen allerdings unseren kleinen Verkehrsunfall, als uns ein zu begeisterter Tierbeobachter beim Rückwärtsfahren übersah und auf unsere Stoßstange auffuhr. Der Unfall blieb zum Glück weitestgehend folgenlos, und irgendeiner der Anwesenden konnte sich den Witz nicht verkneifen, ob ich als Polizist den Unfall denn nicht gerne aufnehmen möchte. Natürlich tat ich dies, lediglich aufgrund des strikten Verbots, das Fahrzeug zu verlassen, nicht!

Nachdem die Fahrer ihre Kontaktdaten auf Umwegen durch die geöffneten Fensterscheiben ausgetauscht hatten, machten wir uns, der untergehenden Sonne entgegen, auf den Heimweg.

Während die unberührte Wildnis an mir vorbeizog, hoffte ich, eines Tages wieder zu den Tieren zurückkehren zu können. Dann würde ich meinen Safariführer vervollständigen und alle Bewohner des Nationalparks erspähen – auch die faulen Löwen.

Affen-
LIEBE

Mein Kopf lag an Marcs Schulter, während wir am Gehege der bereits schlafenden Paviane lehnten. Ich vernahm ihren Geruch, vermischt mit dem meines Mannes. Magisch. Mein Gesicht war zu klein für das Lächeln, was sich ausbreiten wollte. Ich atmete aus, doch noch immer fühlte ich mich so voll. Erfüllt. So als würde ich gleich platzen. Platzen vor Glück. Tränen stiegen mir in die Augen, und als ich zu schluchzen begann, kicherten die Paviane hinter uns, ehe sie wieder einschliefen. Mein Brustkorb zitterte, und ich drückte Marcs Hand ganz feste.

»Danke«, flüsterte ich schließlich und lies meinen Tränen freien Lauf. »Danke!«

Marc schwieg. In diesem Moment, unter freiem Sternenhimmel, war alles gesagt, und doch lag mir noch eine Sache auf dem Herzen.

»Ich bin ein Glückskind«, flüsterte ich weiter, während mir eine Träne nach der anderen über die Wange kullerte und Marc meinen Kopf küsste.

»Ich hatte das Glück, dass mir die wahre Liebe bereits zweimal in meinem Leben begegnet ist. Doch nicht nur das. Ich habe sie sogar beide Male ergriffen, und nun sitze ich hier, am anderen Ende der Welt, im Sand, mit schlafenden Affen hinter mir, meinem Traummann neben mir und einer wunderschönen Zukunft vor mir. Ich bin so dankbar! Vor allem dir!«

Für einen kurzen Moment hielt ich inne und sammelte meine Gedanken, denn es war schwer, die richtigen Worte zu finden. Ich blickte nervös hin und her, doch dann schloss ich die Augen und ließ mein Herz sprechen.

»Ich danke dir, Marc Schreiber! Aus tiefstem Herzen! Ich danke dir, dass ich dir begegnet bin, denn du hast mich damals zurück auf meinen Weg geführt. Einen Weg für die Affen. Ohne dich wäre ich jetzt nicht hier. Ohne dich hätte ich nie mit Liz gesprochen. Ohne dich hätte ich diesen Mut, dieses Vertrauen und diese Leidenschaft nicht wiedergefunden. Denn du hast mich an eines erinnert, was ich vor vielen Jahren gelernt hatte: Immer meinem Herzen zu folgen, auch wenn es mich auf gänzlich neue Wege führen möchte!«

Dann begann ich zu weinen und weckte mit meinen Freudentränen die Affen auf. Sie kicherten und zogen an meinen frisch gewaschenen Haaren. Penny riss gleich eine ganze Strähne aus, und Tyga pinkelte Marc durch den Zaun an. Doch wir beide konnten über all das nur lachen, denn wir wussten, dass genau das das perfekte Ende unserer Flitterwochen war. Wir, die Affen und eine Menge Dreck und Chaos.

Mit durchnässtem Shirt und zerzausten Haaren spazierten wir Hand in Hand dem Mond entgegen, bereit, diesen Weg gemeinsam zu gehen. Den Weg zweier Herzen, die nun im Einklang trommelten.

Marc

»So stelle ich mir jedes Mal, wenn ich dein wunderschönes Lächeln sehe, vor, die Zeit würde stehen bleiben und
ich könnte diesen Moment festhalten und für immer genießen – denn die kleinen Momente, welche unsere Beziehung und Ehe ausmachen und ausmachen werden,
brennen sich als einzelne Teilchen in meine Erinnerung
ein und bleiben als zusammengesetztes Mosaik in dieser
bestehen. Ein Mosaik, welches ein Bild formt, was bei uns
beiden verrückter und bunter wohl kaum sein könnte.«
(18. Dezember 2018 – Zitat aus Marcs Ehegelübde)

Danke, dass du mich als Ersten mit in diesen Teil deines
Lebens genommen hast. Er ist nun auch ein Teil meines
Lebens. Ein neues Steinchen im Mosaik, welches dank dir
und den Affen nun viel bunter, verrückter und erfüllter ist,
als ich jemals zu träumen gewagt hätte.
Danke, dass du in mir den Mann erkannt hast, dessen
Herz trommelt, noch ehe ich wusste, was das überhaupt
bedeutet.

EPILOG

*I*ch könnte die Geschichte unserer Flitterwochen nie erzählen, ohne dabei nicht wenigstens ganz kurz unsere Heimreise anzuschneiden, denn diese auszulassen, würde das Bild unserer Ehe verzerren.

Marc und ich sind in vielerlei Hinsicht wie aus einem Ei und gleichzeitig so unterschiedlich wie Tag und Nacht. Während er immer überpünktlich ist, bin ich in der Regel sehr viel entspannter, was mein Zeitmanagement betrifft. Allerdings bin ich der emotionale Part, während er alles rational betrachtet. Gleichzeitig bin ich aber die Ruhe in Person, wenn es darum geht, Probleme zu lösen, während Marc in Hektik verfällt. Zu guter Letzt bin ich von Mut und Abenteuern angetrieben, während Marc von dem großen S-Wort geleitet wird: Sicherheit.

Ich denke mir oft: Wenn es schiefgeht, gibt es Plan B, und Marc denkt, wenn es schiefgeht, sind wir alle tot.

Diese Unterschiede mögen oftmals irrelevant sein. Doch in gewissen Situationen wird spürbar deutlich, dass ich der freche *baboon* bin und Marc der besonnene *vervet*. Eine dieser Situationen davon war unsere Heimreise.

Alles begann damit, dass ich Stunden brauchte, um mich von allen Affen, Helfern und Freunden zu verabschieden, während

Marc auf der Veranda saß und minütlich ausrechnete, wie viel Zeit uns blieb, um zum Busbahnhof zu kommen. Am Ende waren es genau 32 Minuten für eine Strecke, für die man laut Google Maps 33 Minuten benötigt. Dies führte dazu, dass Marc unseren Fahrer die ganze Zeit motivierte, doch noch schneller zu fahren, obwohl er die Geschwindigkeitsbegrenzung bereits überschritten hatte. Auch meine Versicherung, dass Busse in Südafrika nie pünktlich seien und wir noch ausreichend Zeit hätten, ignorierte Marc, während sein Puls stattdessen mit jeder Minute weiter in die Höhe ging. ›Gut‹, dachte ich mir, ›dir ist gerade nicht zu helfen.‹ Entspannt lehnte ich mich in meinem Sitz zurück, steckte mir die Kopfhörer ins Ohr und schloss die Augen.

Nach einer halben Stunde rüttelte Marc mich panisch wach.

»Da steht kein Bus!«, rief er und deutete auf den Busbahnhof.

»Ja, aber bestimmt zwanzig Menschen mit Koffern, die auf den Bus warten«, erwiderte ich und zeigte auf die Menschenschlange.

Am Ende hatte der Bus, wie zu erwarten, dreißig Minuten Verspätung.

Da das mit den Koffern beim ersten Mal weniger gut geklappt hatte, tauschten Marc und ich dieses Mal die Rollen. Ich lud das Gepäck ein, damit er uns Sitzplätze sichern konnte. Nachdem ich unsere Koffer sicher verstaut hatte, fand ich meinen Mann jedoch hilflos vor dem Bus stehend vor.

»Der Fahrer hat gesagt, dass das nicht unser Bus ist.«

»Bullshit«, war die einzige wenig konstruktive Anmerkung, die mir dazu einfiel. Nach einer kurzen Nachfrage versicherte mir der Busfahrer, dass wir im richtigen Bus waren. Zu allem Übel mussten wir nun mit den übrig gebliebenen, dreckigen Sitzen in der ersten Reihe vorliebnehmen.

Die Fahrt konnte glücklicherweise nun ohne Zwischenfälle losgehen, sodass wir nach sechs Stunden in Pretoria ankamen. Wohlgemerkt, sieben Stunden, ehe unser Flug startete, und dennoch konnte Marc es sich nicht nehmen lassen, mich zum Zug zu hetzen, damit wir nicht zu spät zum Check-in-Schalter kamen, der erst in viereinhalb Stunden öffnete. Selbst wenn wir zu Fuß von Pretoria nach Johannesburg gegangen wären, wären wir pünktlich angekommen, aber meine etwas übertriebenen Fakten spielten für Marc in jenem Moment keine Rolle. Alles, was er wollte, war sicher in der Wartehalle am Flughafen sitzen und auf den Flug warten. Und bis er nicht dort saß, würde es weder Pipi- noch Trinkpausen geben. Während ich mich anfangs noch entspannt zurücklehnte, war mein in der Regel eher kurzer Geduldsfaden gerissen, als wir endlich am Flughafen eintrafen.

»Nein«, sagte ich nur noch, als Marc mich durchs Drehkreuz ziehen wollte.

»Komm jetzt, wir müssen zum Check-in«, drängelte er.

»Mensch, der hat noch gar nicht auf. Wenn du so weitermachst, nehme ich den nächsten Bus zurück zu den Affen«, schimpfte ich bockig.

»Wir trinken auch gleich in Ruhe Kaffee, aber komm jetzt.«

Ich verdrehte nur die Augen und setzte mich auf einen der leeren Stühle. Ohne mir weiter Beachtung zu schenken, ging Marc nun durchs Drehkreuz. Die Situation musste an Eltern mit ihrem bockigen Kind erinnern, und genauso verhielt ich mich auch. Wie ein bockiges Kind, das keine Lust hatte, grundlos gehetzt zu werden. Am Ende ging ich natürlich durch das Drehkreuz, wartete schmollend zwei Stunden am Check-in-Schalter, da dieser noch nicht geöffnet war, und trank grummelig den versprochenen Kaffee. Allerdings ohne mich mit Marc zu unterhalten, sondern stets mit Kopfhörern im Ohr und Nase im Buch. Für Gespräche war ich aktuell einfach nicht zu begeistern.

Erst als wir zum Boarding gingen, hatte sich meine Laune gebessert, und Marc näherte sich mir mit belanglosem Small Talk an. Nach und nach begann ich mehr zu schmunzeln, denn ich merkte, dass mein Mann sich wirklich alle Mühe gab, mich wieder aufzuheitern, nachdem er mich stundenlang gehetzt hatte.

Spätestens als wir an unseren Sitzplätzen ankamen, legte ich endlich mein bockiges Gesicht ab und öffnete meine Hand, während Marc ganz mitleidig zu mir blickte und mit den Fingern über meine strich.

»Tut mir leid«, flüsterte er und schaute mich groß an.

»Mir auch«, sagte ich und schmunzelte.

»Ich verspreche, das nächste Mal erst zu drängeln, wenn wir nur noch vier Stunden bis zum Abflug haben«, sagte er entgegenkommend.

»Und ich verabschiede mich beim nächsten Mal einfach schneller«, sagte ich und ging damit einen Schritt auf ihn zu. Dann küsste er meine Stirn, und wir beide lächelten uns an.

»Zum Glück wird es ja eines Tages keinen Abschied mehr geben müssen«, sagte Marc und drückte meine Hand, während er mich fröhlich angrinste. Ich grinste zurück, und meine Augen füllten sich mit Tränen. Auch wenn dieser Mann mich manchmal unfassbar nervte, gehörte er genau hierher: zwischen mich und einhundert Affen!

Marc

Michi hat die letzte Etappe unserer Reise ja bereits ausführlich beschrieben, und ich muss sagen, dass sie sich durchaus so abgespielt hat – auch wenn wir es unterschiedlich empfunden haben. Bis zum Flughafen war mein Shirt bereits so durchnässt, dass es keinen zusätzlichen Schweiß mehr aufnehmen konnte, und diesmal lag es nicht an der Hitze, sondern an dem aus meiner Sicht sich abzeichnenden verpassten Flug. Vor meinem inneren Auge waren wir in Johannesburg gestrandet, und Michis Geschichte der Toiletten-Beherbergung von 2015 würde sich wiederholen. Bis zum detaillierten Ausmalen der Vision, ob wir wohl zu zweit in einer Klokabine schlafen könnten, hat sich die Situation allerdings entspannt und hat alles problemlos funktioniert. Wir haben weder Bus noch Flug verpasst und konnten letztlich in Ruhe einen Kaffee am Flughafen trinken.

Während der warme Kaffee die kühle Stimmung nur leicht aufwärmen konnte und auch meine schlechten Witze keine Wirkung zeigten, lief ein kleines Mädchen, vielleicht drei Jahre, zielstrebig auf mich zu und begrüßte mich freudestrahlend mit den Worten: »Daddy?« Ein Moment der absoluten Stille kehrte ein. Michi warf mir einen fragenden Blick zu: War das doch nicht meine erste Südafrikareise?

Zum Glück kam wenige Augenblicke später der Vater der Kleinen um die Ecke, entschuldigte sich und zog davon. Wir beide mussten lauthals loslachen, und so langsam legte sich die schmollige Stimmung.

Trotzdem hätte ich beinahe alleine den Weg nach Deutschland antreten müssen. Ich war bereits durch die Sicherheitskontrolle gegangen, als Michi hinter mir unvermittelt stehen blieb und sich dann rückwärts von der Kontrolle entfernte. Ich hörte sie nur sagen: »Ich kann die Affen nicht zurücklassen, du musst ohne mich fliegen!« Nachdem ich den Ausgang von vergangenen Rückreiseversuchen von Michi kannte, blieb mir in dieser Sekunde das Herz stehen, und ich war mir sicher: Sie wird mich alleine zurückfliegen lassen! Noch während ich begriff, dass ich nicht wieder zurück zu ihr gehen kann, grinste Michi mich an und schritt doch durch die Sicherheitskontrolle. Mein Herz begann wieder zu schlagen, und meine aufkommende Vision vom bevorstehenden Strohwitwer-Dasein unmittelbar nach den Flitterwochen bewahrheitete sich zum Glück nicht. Das Schicksal meinte es einmal mehr gut mit mir.

Aber ich wusste eines: Ein Leben mit Michi und den Affen würde niemals langweilig werden, und ich sollte mich körperlich fit halten, um einem drohenden Herzinfarkt bei all den Abenteuern vorzubeugen.

Anmerkung
DER AUTOREN

Seit 2021 kann man Michi und Marc als Freiwilligenhelfer in Südafrika auf Reisen begleiten und so selbst in die wilde Welt der Affen eintauchen: www.michischreiber.de.

Anfang 2024 haben Michi und Marc ein Grundstück in Südafrika gekauft und tatsächlich mit dem Aufbau einer eigenen Auffangstation für den Schutz von Primaten und Wildtieren begonnen. Der Aufbau kann über die Instagram- (michis.wild.life & marcs.wild.life) oder Youtube-Kanäle (Michi Schreiber) der beiden verfolgt und über den 2021 gegründeten Verein AFFENSTARK e.V. unterstützt werden: www.affenstark.org.

Michi und Marc haben sich dazu entschlossen, ihr gesamtes Autorenhonorar an den Tier- und Artenschutz für Primaten und Wildtiere zu spenden.

www.michischreiber.de

www.affenstark.org

DANKSAGUNG

Unser größter Dank gilt dir. Danke, dass du dich entschieden hast, dieses Buch zu kaufen, zu lesen und damit Teil unserer Welt zu werden. Jeder Kauf unterstützt unsere Vision für eine bessere Welt. Wir hoffen, dass unsere Geschichte dich daran erinnert hat, achtsamer, respektvoller und bewusster mit dir, der Mitwelt und den Tieren zu sein. Wir alle haben am Ende nur dieses eine Leben. Es ist wertvoll. Es ist wichtig und es ist wunderschön.

Danke, dass DU hier bist.

Zudem möchten wir uns bei den Menschen bedanken, die uns auf diesem Weg den Rücken stärken, freihalten und an unserer Seite stehen.

Allen voran unseren Geschwistern Diana und Victoria.

Menschen, die von Anfang an an uns geglaubt haben wie meine ehemalige Chefin Walli und eine unverhoffte Heldin namens Jasmin.

Kindern wie der kleinen Laurena, die uns zeigen, dass unsere Arbeit Groß und Klein begeistert.

Freunden wie Isabel, John, Lars und Julie, die ebenso wie wir an eine bessere Welt glauben.

Und unserer Community in den sozialen Medien. Die Liste wäre daher endlos fortzuführen, denn wir können uns heute glücklich schätzen, dass wir diesen Weg nicht mehr allein gehen!